Abfall. Das alternative ABC der neuen Medien

Fröhliche Wissenschaft 110

Roberto Simanowski

Abfall. Das alternative ABC der neuen Medien

Matthes & Seitz Berlin

Inhalt

A wie Abfall – ein Vorwort

A wie Abfall, so könnte ein ABC der neuen Medien anfangen, ginge es um die Abarbeitung seiner Aspekte in alphabetischer Reihenfolge. Denn »Abfall« ist in verschiedener Weise ein ständiger Begleiter dessen, was man in den 1990er Jahren als »neue Medien« zu bezeichnen begann: Medien, die Daten in digitaler Form produzieren, speichern, präsentieren und übertragen – das also, was Ende der 1990er Jahre als »Internet« in aller Munde war. Die erste Lesart des Titels, den es hier zu klären gilt, ist der Abfall des Internet vom ARPANET beziehungsweise des ARPANET vom MILNET. Denn wie so oft in der Geschichte der Medien sind auch die neuen nichts weiter als ein Abfallprodukt militärischer Entwicklung.

Es begann am 4. Oktober 1957, als die Sowjetunion einen Sputnik in den Weltraum schoss und damit dem potenziellen Kriegsgegner USA ihren Technologievorsprung deutlich machte. Das Pentagon gründete daraufhin am 7. Januar

1958 die Defense Advanced Research Projects Agency, kurz DARPA: eine Agentur zur Beförderung der Kriegsforschung. Um die Kapazitäten der beteiligten Institute zu erhöhen, verband die DARPA 1969 die Großrechner von vier Universitäten (Stanford Research Institute, University of Utah, University of California Los Angeles, University of California Santa Barbara) zum Advanced Research Projects Agency Network, kurz: ARPANET. Weitere Universitäten, die für das Verteidigungsministerium forschten, folgten, so dass 1983 etwa 500 Computer über das ARPANET miteinander verbunden waren.

Die zivile Nutzung der Kriegstechnologie setzte inoffiziell dann ein, als man in den Mailinglisten, die mit dem ARPANET als zentrales Kommunikationsmittel entstanden waren, weniger über militärische Forschung als über Science Fiction-Filme sprach. Das Pentagon trennte deswegen 1983 das geheime MILNET (Military Network) vom ARPANET und überließ dieses dem öffentlichen Gebrauch, der sich zunächst darauf beschränkte, alle Universitätsangehörigen mit einem Emailzugang auszustatten. Als die National Science Foundation (das US-Äquivalent zur Deutschen Forschungsgemeinschaft) 1990 das, was nun »Internet« genannt wurde, auch außerhalb der Universitäten zugänglich machte, begann mit Online-Diensten wie AOL, Yahoo, Amazon und Ebay dessen Kommerzialisierung. Zu den technischen Stichworten dieser Entwicklung gehören Telnet, Usenet, FTP (File Transfer Protocol), TCP (Transmission Control Protocol) und WWW (World Wide Web), das mit der Hypertext-Technologie 1991 die Dokumente des Internet nutzerfreundlich verlinkte, sowie Mosaik, der Webbrowser, der 1993 erlaubte, auch Grafiken und interaktive Elemente in die Webseiten einzubinden.

Der Rest ist Geschichte. Das ›Abfallprodukt‹ Internet beeinflusst seitdem alle individuellen und gesellschaftlichen Bereiche des Lebens. Kommunikation, Wissenserwerb, Identitätsbildung, Freundschaft, Einkaufen, Fernsehen, Musikhören, Urlaubsplanung, Urlaubmachen, Urlaubsfotopräsentation … nichts ist mehr, wie es vorher war. Am 24. Januar 2013 etablierten sich die Folgen des Sputnik-Schocks von 1957 als neues Rechtsgut: Nach Auffassung des Bundesgerichtshofs hatte sich das Internet »zu einem die Lebensgestaltung eines Großteils der Bevölkerung entscheidend mitprägenden Medium entwickelt, dessen Ausfall sich signifikant im Alltag bemerkbar macht« und deswegen schadensersatzpflichtig ist.[1]

Soweit konnte es freilich nur kommen, weil frühzeitig eine effektive Abfallbeseitigung organisiert wurde. Unter dem martialischen Namen *SpamAssassin* ›erledigte‹ ein Filterprogramm die unerwünschten Nachrichten, die sehr schnell nach der Popularisierung von Email und Internet zum Hauptfaktor des kommunikativen Rauschens wurden. Es bedurfte verlässlicher Algorithmen, um die Kommunikation im neuen Medium einigermaßen sinnvoll zu halten. Der SpamAssassin und sein Vorläufer *filter.plx* kümmerten sich darum seit 1997. Das war allerdings erst der Anfang des Beseitigens. Die Zukunft des SpamAssassin ist die ›Erledigung‹ auch des Menschen, denn die Müllabfuhr im Feld der Kommunikation ist zugleich das erste Übungsfeld der künstlichen Intelligenz.

Am Spam lernt die Software Mustererkennung, bis sie schließlich selbst in der Lage ist, die guten Emails in den Posteingang und die schlechten in den Abfalleimer zu leiten. Alle aktuelle und künftige algorithmische Analyse und Regulation, alle Phantasien über intelligente Kühlschränke, selbstfahrende Autos, lernfähige Roboter, die uns heute begeistern oder beunruhigen, haben hier ihren Anfang. Der jüngere, gefährlichere Bruder des SpamAssassin heißt *Death-Algorithm*, der in selbstfahrenden Autos im Notfall entscheiden wird, ob das Fahrzeug in eine Gruppe von Fußgängern, auf eine Mutter mit Kind oder gegen eine Häuserwand fährt. Damit wird die Moralphilosophie zum zentralen Faktor der Autoproduktion, denn unsere Fahrzeuge werden ihr Verhalten künftig daran ausrichten, was ihnen als ethische Richtlinie einprogrammiert wurde.

Das Phänomen der selbstlernenden Software führt zum nächsten Abfall-Aspekt der neuen Medien. »Garbage in, garbage out!« So wird in der Informationswissenschaft das Problem beschrieben, dass die Qualität des Inputs die Qualität des Outputs bestimmt. Ein Beispiel dafür war im Frühjahr 2016 Microsofts AI Chatbot TayandYou, das (beziehungsweise die, denn das Bot trat als Thai-Frau auf) auf Twitter versuchte, von Menschen zu lernen. Das führte schon nach wenigen Stunden der Interaktion dazu, dass TayandYou rassistische und sexistische Tweets verschickte und vom Netz genommen werden musste. Schlechte Gesellschaft verdirbt auch bei künstlicher Intelligenz den Charakter. Was aber geschieht, wenn man die Kinderstube der Bots ändert? Wenn man ihnen politische Korrektheit und mitmenschliche Empathie beibringt, bevor sie auf Fremde losgelassen werden? Können sie dann unsere Freunde sein?

Ein Beispiel dafür wäre der von Google angebotene persönliche Assistent Google Now, der fast zeitgleich zum Fehlverhalten von Microsofts Chatbot einem Nutzer, der seine auf Google Photos gespeicherten Bilder aus Nizza sehen wollte, zunächst Beileid für den Tod seines Vaters vor sechs Jahren bei einem Unfall in Nizza aussprach. Google Now weiß so etwas von unseren Emails auf Google Mail, und es reagiert in dieser Weise, weil es genau so programmiert wurde.[2] Spannend ist die geschichtsphilosophische Hochrechnung dieser Anekdote: Was passiert, wenn künstliche Intelligenz (als Chatbot, Google Now, Siri, Jibo oder eben Fahrzeugführer) unter der moralischen Kontrolle seiner Programmierer zum High-Quality-Input der gesellschaftlichen Kommunikation wird? Kann künstliche Intelligenz, statt den Menschen zu verderben, diesen letztlich auch verbessern?

Es gibt weitere Gründe, ein ABC über neue Medien mit dem Stichwort »Abfall« zu beginnen. Einer führt direkt zu dem, was Ende der 1990er Jahre »digitale Literatur« und allgemeiner »Netzkultur« genannt wurde. *Abfall für alle: Roman eines Jahres*, so heißt das 1999 erschienene Buch des späteren Büchner-Preisträgers Rainald Goetz. Der Titel war ein koketter Kommentar auf das, was ein Tagebuch ist, jedenfalls wenn jemand wie Goetz es schreibt: Textliche Abfälle täglicher Erlebnisse, Gefühle und Gedanken. Der literaturwissenschaftliche Reiz dieser Abfälle lag darin, dass sie nicht nachträglich bearbeitet wurden, wie es sonst bei zu Lebzeiten veröffentlichten Tagebüchern der Fall ist. Denn Goetz' Text erschien zuerst im Internet, und zwar immer an dem Tag, um den es ging.

Abfall für alle war eines der literarischen Internetprojekte, die im ausgehenden 20. Jahrhundert lanciert wurden, um das Schreiben unter den Bedingungen der neuen Medien zu erkunden: »Ein Pioniertext ganz ohne die Verständnishürden der Avantgarde«, so empfahl sich der Klappentext. Und in der Tat, es war einfach Text; ohne Hyperlinks und ohne Multimedia. Die einzige Änderung, die das neue Medium Internet der alten Gattung Tagebuch brachte, war die Verkürzung der Publikationslinie mit dem Versprechen größerer Authentizität; und das war gerade für dieses Genre nicht wenig: Ging der Text sofort online, war keine Glättung des Eintrags lang nach Mitternacht, als man betrunken und verärgert von einer Party heimkam und mit einem letzten Bier am Computer saß, mehr möglich. Und da jede spätere Änderung des Textes sich nachweisen ließ, entkam das Tagebuch dem Internet auch nicht als gedrucktes Buch.

Goetz' Echtzeittagebuch war der harmlose

Auftakt für Live-Tagebücher, die neben allem Möglichen vor allem auch vom Sterben sprachen. Weblogs, die nach der Krebsdiagnose des Autors oder seiner Partnerin begonnen wurden und mit dem Tod, der manchmal ein Selbstmord war, endeten. Versuche, dem Leiden ein Gesicht zu geben. Versuche, im Schreiben eine letzte Form der Souveränität zu spüren, wo sich andere nur wie ›Abfall‹ fühlen, weil das Leben sie aus dem Glück stößt. Online-Begegnungen mit Fremden, ebenfalls Betroffene oder einfach Ergriffene. Ausweitungen des Kommunikationsraumes, den solche Schicksalsschläge bisher immer drastisch reduziert hatten. Dies sind die *anderen* sozialen Netzwerke, die das Internet ermöglicht, jenseits des Selbstmarketings und wechselseitiger »Like«-Gaben, jenseits der schamlos glücklichen Selfies und des unerträglich banalen Smalltalks: Ein Aufgefangensein nach dem Fall.

Auch dies erschöpft den Bedeutungsrahmen von »Abfall« im Kontext der neuen Medien noch keineswegs. Fast zeitgleich zu Goetz' Internet-Tagebuch begann der Holländer Alex van Es im August 2000 auf seiner Website icepick.com seinen Müll aufzulisten, indem er alles, was er wegschmiss, vorher einem Barcode-Scanner zeigte. Dieser auskunftsfreudige Abfalleimer ist der Prototyp des »intelligenten

Mülleimers«, den inzwischen Forscher der Universität Newcastle bauen: Ein Mülleimer, der seinen Inhalt an die Müllabfuhr meldet, die dadurch ihre Arbeit besser koordinieren kann.[3] Dass auch das Rathaus an solchen Daten interessiert ist, um die Bevölkerung effektiver zur korrekten Mülltrennung zu erziehen, wird niemanden überraschen. Aus einer Nerd-Idee – die bei van Es auch die Toilettenspülung und andere Details des Alltagsverhaltens einschloss – ist fünfzehn Jahre später eine Überwachungstechnologie geworden, deren Besitz vielleicht schon in zehn Jahren Bürgerpflicht sein wird.

Es ist dieser Wandel, es ist diese Wende von einem quasi avantgardistischen Projekt der rückhaltlosen Selbstdarstellung (ein anderes Beispiel ist die US-Amerikanerin Jennifer Ringley, die 1996 als 19-jährige Studentin auf jennicam.com begann, Bilder nonstop und unzensiert aus allen Räumen ihres Apartments ins Netz zu laden, sowie das deutsche »Camgirl« Tina, die auf tinacam.de seit 1998 das Gleiche mit mehr Tabus betrieb) zu einer globalen Kultur des Selbstmarketings auf kommerziellen Plattformen wie Facebook, der viele Pioniere und Advokaten vom einstigen Glauben an die Internet-Kultur abfallen ließ. Nach dem »critical turn« der New Media Studies Anfang des neuen Jahrhunderts heißt die Losung nicht mehr »Information wants to be free«, sondern: »Information needs protection«. Das anfängliche Lob der (individuellen) Freiheiten und (demokratischen) Möglichkeiten des Internet ist der Kritik seiner Negativposten gewichen: Überwachung, Narzissmus, kollektive Einsamkeit, Self-Tracking, Filter Bubble, algorithmische Regulation – ganz zu schweigen von so gefährlichen Nebenwirkungen wie hyper-attention, power browsing, der Sucht nach instant gratification und der »fear of missing out« (FOMO). Dieser Abfall von den Utopien des Beginnens ist wohl die schmerzlichste Lesart des Titels, den dieses Buch über die neuen Medien trägt.

Schließlich ist von einem Abfall zu sprechen, der dieses Buch in ganz eigener, methodischer und sprachlicher Weise betrifft: Der Abfall von einem Wissenschaftsstil, der in vielerlei Hinsicht seine Berechtigung haben mag, hier aber nicht zur Anwendung kommen soll.

> Der Begriff gilt als ein Produkt der Vernunft, wenn nicht sogar ihr Triumph, und ist es wohl auch. Das läßt aber nicht die Umkehrung zu, Vernunft sei nur dort, wo es gelungen oder wenigstens angestrebt sei, die Wirklichkeit, das Leben

> oder das Sein – wie immer man die Totalität nennen will – auf den Begriff zu bringen.

Mit diesen Worten beginnt Hans Blumenbergs *Theorie der Unbegrifflichkeit*, die dem Fokus des zeitgenössischen Denkens auf Vernunft, Wahrheit und Begründung die Verteidigung des Unbegrifflichen, Metaphorischen, Erzählerischen entgegensetzt.[4] Es ist keine Verdammung der Rationalität, die Blumenberg im Sinn hat, wohl aber eine Korrektur. Denn auch wenn die Intention der Vernunft natürlich etwas mit der Leistung des Begriffs zu tun hat: »Es gibt keine Identität zwischen Vernunft und Begriff.« Anders gesagt: Damit der Begriff nicht die Ansprüche der Vernunft behindert, muss er genügend »Spielraum für all das Konkrete, was seiner Klassifikation unterliegen soll«, besitzen.[5]

Blumenbergs Plädoyer für das unbegriffliche Offenhalten des Denkprozesses hat ihren Vorläufer in seiner *Metaphorologie*, die Metaphorik keineswegs als »Vorfeld der Begriffsklärung, als Behelf in der noch nicht konsolidierten Situation von Fachsprachen« sieht, sondern als »authentische Leistungsart der Erfassung von Zusammenhängen«.[6] In beiden Schriften – und mit dem narrativen Stil seines gesamten

Werkes – positioniert sich Blumenberg als Vertreter einer Lebensweltthermeneutik gegen theoretische Schulen, die den Prozess der theoretischen Neugierde in methodische und terminologische Zwänge verstricken und dabei nicht selten austrocknen. Der »Mut zur Vermutung«, den der Geist mittels Metaphern zeigt, und der Aufruf zum Offenhalten des Denkprozesses durch eine entsprechende Unbegrifflichkeit hat seine Vorbilder in der Praxis eines Siegfried Kracauer und Walter Benjamin, die in ihren »Miniaturen« – so bezeichnet Andreas Huyssen diese Stilform – ebenfalls bilderreich und gedankenmutig die kulturellen Umbrüche ihrer Zeit einzufangen versuchten.[7]

Die theoretische Absicherung eines solchen Verfahrens liefert Theodor W. Adorno, der – trotz seiner gelegentlichen Kritik an vagen Metaphern und Analogien – die »vorkritische Verpflichtung zu definieren« als Verlangen verwirft, »durch festsetzende Manipulationen der Begriffsbedeutungen das Irritierende und Gefährliche der Sachen wegzuschaffen«.[8] Dem Bewusstsein der Nichtidentität, das Adorno in seiner *Negativen Dialektik* zu schärfen sucht, entspricht die Form des Essays, der – »radikal im Nichtradikalismus, in der Enthaltung von aller Reduktion auf ein Prinzip« – in Freiheit »zusammen[denkt], was sich zusammenfindet in dem frei gewählten Gegenstand«.[9] Im Essay macht sich der Denkende »zum Schauplatz geistiger Erfahrung, ohne sie aufzudröseln«; der Essay ist »methodisch unmethodisch«; er ist keine »Abschlagszahlung auf kommende Synthesen«, im Gegenteil, er »zehrt die Theorien auf, die ihm nah sind«, will nichts auf den Punkt bringen, schon gar nicht auf einen soliden Standpunkt, sondern tendiert »zur Liquidation der Meinung, auch der, mit der er selbst anhebt.«[10]

Ein solcher Essay, das war Adorno klar, reizt – zumal in Deutschland – »zur Abwehr, weil er an die Freiheit des Geistes mahnt«, die sich den Instanzen der »hieb- und stichfesten, lückenlos durchorganisierten Wissenschaft« – Foucault wird dies später Diskurspolizei nennen – nicht unterordnet.[11] »Der Essay ist die Form der kritischen Kategorie unseres Geistes«, so Adorno schließlich mit einem Zitat von Max Bense, denn kritisieren heißt, den Gegenstand erneut und anders sichtbar zu machen.[12]

Blumenberg, Adorno und Bense sind Beleg dafür, dass der Fokus deutscher Wissenschaftskultur auf begriffliche Schärfe und theoretische Stringenz nicht nur durch französische und US-amerikanische Autoren relativiert, sondern gelegentlich selbst in den ›eigenen Reihen‹ in Frage gestellt wird. Die Öffnung des Denkens, die diese drei deutschen Philosophen und Wissenschaftstheoretiker vor 40 oder 50 Jahren betrieben (weitere Beispiele wären Walter Benjamin oder Paul Feyerabend), bewirbt avant la lettre das theoretische Erbe der Postmoderne, für die begriffliche Abschließungen und theoretische Monokulturen nicht nur ein erkenntnistheoretisches, sondern auch ein moralisches Problem waren und gelebte Perspektivenvielfalt die Praxis zur Theorie. Diesem Erbe fühlt sich das vorliegende Buch – und dieser Abfall vom Üblichen ist damit vielleicht die wichtigste Bedeutungsvariante seines Titels – verpflichtet.

Ein ABC richtet sich an Anfänger mit dem Ziel, Lesefähigkeit zu vermitteln. Ein ABC der Medien vermittelt entsprechend die Fähigkeit, Medien zu lesen. Anders gesagt: Ein ABC der Medien vermittelt »media literacy« beziehungsweise *Medienbildung*. Die übliche Adressierung eines ABC bringt notwendigerweise das methodische Verfahren mit sich, einen komplexen Sachverhalt so einfach wie möglich darzustellen. Diesem Anliegen verschreibt sich ausdrücklich *Das ABC der Medien* (2007) von Norbert Bolz, das konsequenterweise auf Wissenschaftsjargon verzichtet und den akademischen Apparat dezent am Ende des Buches platziert. Beide Entscheidungen werden für das vorliegende ABC aufgegriffen.

Anders verhält es sich mit Bolz' Versprechen der Vereinfachung komplexer Sachverhalte. Das vorliegende Buch ist alternativ zu Bolz' *ABC* eher der Komplexität scheinbar einfacher Sachverhalte verpflichtet. Es zielt darauf, den inzwischen mehr oder weniger etablierten Phänomenen unserer digitalen Lebenswelt ihre paradoxe Logik abzulauschen, ihre geheimen Bezüge und verdeckten Konsequenzen aufzudecken. Die Texte, die dieses Buch versammelt, widerstehen dem »Bann des Anfangs«,[13] indem sie ihren Gegenstand mehrfach wenden, ihn umlaufen wie eine Skulptur, ihn aus verschiedenen Richtungen betrachten, und, wie der Witz, Verbindungen schaffen, wo keine vermutet werden. Sie sind Streiflichter und Scheinwerfer, die vieles vorübergehend beleuchten und auch das, was sich noch kaum richtig fassen lässt, in die Hand nehmen.

Das Ergebnis sind Essays, die über das Naheliegende hinausgehen und, vermessen oder leichtsinnig, den Versuch unternehmen, den Bezugsreichtum des angegangenen Themas auszuloten. Essays, die darauf aus sind, die Lesbarkeit der stattfindenden digitalen Revolution zu fördern – und sich dabei an Adornos Gewährsmann Bense halten:[14]

Essayistisch schreibt, wer experimentierend verfaßt, wer also seinen Gegenstand hin und her wälzt, befragt, betastet, prüft, durchreflektiert, wer von verschiedenen Seiten auf ihn losgeht und in seinem Geistesblick sammelt, was er sieht, und verwertet, was der Gegenstand unter den im Schreiben geschaffenen Bedingungen sehen läßt.

Die Schuldfrage: Trump und Zuckerberg

Hat Facebook wirklich Trump ermöglicht? Wer gehört zu seiner geheimen »Facebook-Armee«? Wieviel Schuld trifft Zuckerberg? Und was ist mit Twitter? Die Medien überschlugen sich mit Schuldzuweisungen und machten aus jedem Rest eine Geschichte. Facebook wurde angeklagt, Lügen zugunsten Trumps zu verbreiten, seinen Anhängern einen Versammlungsort zu bieten und ihm die Möglichkeit, sie zu erreichen. Man versuchte fieberhaft, die sozialen Medien für Trumps Wahlsieg verantwortlich zu machen, nachdem man den 45. Präsidenten der USA selbst bedenkenlos hofiert hatte, als dieser noch ein belächelter, aber skandalträchtiger und also quotenwirksamer Kandidat unter vielen war.

Dann ging es um die Filterblase, die auf Facebook alle Nutzer in einen Kreis Gleichgesinnter einlullt, der schließlich so viele Hasskommentare und Gewaltandrohungen gebiert, dass die Münchner Staatsanwaltschaft sogar ein Ermittlungsverfahren gegen Zuckerberg eröffnete wegen des Verdachts auf Beihilfe zur Volksverhetzung. Damit unterstellte man Facebook genau den Einfluss auf die Gesellschaft, den das soziale Netzwerk zweifellos hat, bezichtigte aber den Richtigen für das Falsche.

Man kann Zuckerberg kaum Falschmeldungen oder die Versammlung der Falschen zum Vorwurf machen und möchte ihn, angesichts all der voreiligen Vorwürfe bis hin zur Trump-Werbung durch Mazedonische Jugendliche, fast in Schutz nehmen. Und doch: Der Verdacht besteht, dass Facebook dadurch, dass es ist, wie es ist, in mehrfacher Hinsicht Demagogen wie Trump den Weg ebnet. Sollte der öffentliche Diskurs ein Ermittlungsverfahren gegen Zuckerberg eröffnen – und zumindest als Gedankenexperiment sollte er dies zum besseren Verständnis unserer Mediengesellschaft unbedingt tun –, müsste die Anklage nicht auf Volksverhetzung lauten, sondern auf Volksverdummung. Hauptbelastungszeuge wäre weiterhin die Filterblase, aber anders, als man denkt.[15]

Facebook als Filterblase

Natürlich ist die Filterblase keine Erfindung Facebooks. Der menschliche Wunsch nach kognitiver Konsistenz gehört seit den 1950er Jahren zu den Grunderkenntnissen der Psychologie. Dass die Kontrollmacht, die das Internet den Menschen über ihre Kommunikationsvorgänge gibt, diesen nicht gut tut, wurde schon vor Facebook notiert. Facebooks viel gescholtene Algorithmen sind im Grunde nur die technische Vervollkommnung eines menschlichen Impulses – jedenfalls so lange man die Filterblase auf Inhalt reduziert.[16]

Das Problem der Filterblase ist größer als gemeinhin diskutiert, denn die Blase ist größer, als man vermutet. Sie enthält all die kleinen Blasen, von denen in den Medien so eifrig die Rede war: die Blase der Rechten und der Linken, der Brexisten und Anarchisten, der Neoliberalisten und Marxisten, der Slavoj Žižekisten und wahrscheinlich sogar eine der Postmodernisten. Die Filterblase ist so groß wie Facebook selbst, denn sie lebt nicht *in*, sondern *als* Facebook: Facebook ist die Blase. Anders gesagt: Die Blase ist ein Rahmen an technischen und sozialen Bedingungen, die wesentlich die Kommunikation bestimmen, die in ihrem Einflussgebiet erfolgt. Die Eckpunkte dieses Rahmens lauten: Quantität, Dualismus und Tempo.

Filterblaseneckpunkt Quantität

Quantität ist die Währung des Populären, das im Reiche Facebook herrscht. Man bemisst den Wert der Menschen und Beiträge, auf die man hier trifft, nach ihrer Anzahl an Freunden, Shares und Likes. Die Frage ist nicht, welche Freunde man hat und wofür es Likes gab, sondern wie viele. Die Möglichkeit sprachlicher Kommentare hilft da wenig, denn 1. erschöpfen sich diese zumeist auf wenige Worte, 2. verblasst ihre Menge jeweils vor der Fülle an Klickbewertungen und 3. weiß jeder, der auf Facebook mal einen nuancierten Text angeboten hat, wie wenig das dort geliket wird. Die numerische Bewertung ist der Standard auf Facebook mit politisch bedenklichen Folgen.

Reduktion von Komplexität und die Automatisierung des Urteils sind nur sprachlich vermeidbar, denn nur wer der eigenen Meinung mit Worten Ausdruck gibt, fragt sich, welche am besten geeignet sind. Das ist zwar keine Garantie, wie das übliche Abgleiten der Kommentare ins Abwegige oder Beleidigende zeigt, bleibt aber die Voraussetzung für eine kritische Meinungsbildung jenseits spontaner Parteinahme. »When they go low, we go high«, sagte Michelle Obama während des Wahlkampfes mit Blick auf Trump. Ein machtvoller Satz trotz oder gerade weil er einer Parole gleicht, die zugleich verspricht, über das Niveau der Schlagworte hinauszugehen. Der Vorsatz ist freilich aussichtslos, wenn Qualität mit Zahlen ermittelt wird statt mit Worten: Wo die höchste Zahl zählt, ist das »Niedrige« immer ganz oben.

Der numerische Populismus ist dem postfaktischen Emotionalismus verwandt: begründungslose Likes sind die technische Variation der gebetsmühlenhaften Wiederholung haltloser Slogans. So wie im realen Leben eine Lüge, die oft genug erzählt wird, für viele Wahrheit ist, so gewinnt eine Meldung auf Facebook dadurch an Gewicht, dass sie Gewicht hat: Man klickt immer auf die Angebote mit der höchsten Zahl und befestigt so ihre Spitzenposition. Die Zahl ist ein Appell ans Gefühl, denn so viele können nicht irren, schon gar nicht, wenn meine besten Freunde darunter sind.

Filterblaseneckpunkt Dualismus

Das Grundprinzip der Filterblase ist antagonistisch: Entweder etwas oder jemand gehört dazu oder nicht. Die Opposition heißt drinnen/draußen oder wir/sie und dies bei allen möglichen Positionen des politischen Spektrums. Dieser Antagonismus gemahnt zwar an den binären Code, der dem Internet und jedem Computer zugrunde liegt. Aber kann man den 0/1-Binarismus am Backend des Interface für den Polarisierungstrend am Frontend verantwortlich machen? Sicher insofern als die Betriebslogik des Computers auf Datenbanken zielt und Stellungnahmen auf das Entweder-Oder eines Like- oder Dislike-Buttons reduziert.

Diese Komplexitätsbeseitigung ist in ihren Konsequenzen hoch politisch, wird aber eingeübt in jeder noch so unpolitischen Interaktion, wenn man mal eben schnell einige Likes und Dislikes vergibt: für Bücher, Filme, Fotos, Kochrezepte, Schminktipps, Tinder-Dates oder einen Zeitungsartikel. Der Like-Button kennt nur sich und sein Gegenteil. Er ist das Symbol einer Klick-Kultur, die wort- und begründungslos immer auf eine von zwei Möglichkeiten zielt: ja oder nein, Daumen hoch oder runter, Freund oder Feind, wahr oder falsch, ein oder aus. So verlernt man allmählich, bis drei zu zählen.

Das theoretische Fundament des Elektronenhirns heißt zwar wahr/nicht wahr, aber deswegen ist es nicht zwangsläufig so dumm wie viele seiner Nutzer. Was dem Ja/nein-Schema an Komplexität fehlt, macht der Computer durch Geschwindigkeit wett, indem er komplizierte logische Operationen in viele Einzelschritte zerlegt, die alle letztlich auf einer dualen Formel ruhen. Menschen sind langsamer als Computer und haben, weil im Internet jetzt alles so schnell geht, immer weniger Zeit für das Komplizierte. Das hält sie am Ende mehr im dualistischen Modus verstrickt als den binären Computer.

Filterblaseneckpunkt Tempo

Das zentrale Kennzeichen der Klick-Kultur ist die Augenblicklichkeit. Nichts in Facebooks Newsfeed ist so alt wie ein Post vom Vormittag. Auf alles muss immer gleich reagiert werden, weswegen die Beiträge guter Freunde oft ein Like erhalten, noch ehe man die Zeit fand, sie anzusehen. Und da am Abend schon wieder neue Beiträge vorliegen, lässt sich auch dann das Liegengelassene kaum abarbeiten. Man bestätigt ohne Prüfung, wenn man den Absender kennt, und entwickelt so eine Kultur der Parteilichkeit und des blinden Vertrauens, die nicht einfach weggeht, wenn die Posts politisch werden.

Tempo ist zugleich ein Feind der Tiefe. Wenn die Zeit knapp ist, darf das, was Likes haben will, nicht viel davon beanspruchen. Und weil alle es mögen, gemocht zu werden, filtert man das Komplexe und Ernsthafte aus seinen Posts. So führt der Hunger nach Bestätigung, den Facebook uns beigebracht hat, zu Unmengen an geistigem Fastfood. Verdummung aus Einsamkeit, das ist die dialektische Kehrseite der Konnektivität, die Zuckerberg der Welt bringt.

Schuldfrage

Zuckerberg verteidigte sich gegen die Vorwürfe nach Trumps Wahlsieg damit, dass Facebook zig Millionen Menschen die Mittel zur politischen Meinungsbildung im Vorfeld der Wahl in die Hand gegeben habe. Das Eigenlob zeigt, wie wenig Schuldbewusstsein der Angeklagte entwickelt hat. Er kann sich dabei auf jene berufen, die noch immer am Gründungsmythos vom Internet als Mittel der

Emanzipation und Demokratisierung festhalten und bei Facebook an den Arabischen Frühling, die neuen Kommunikationsmöglichkeiten der Minderheiten und diverse Formen des Aktivismus per Klick denken.[17]

Es stimmt zwar, dass Facebook einen neuen Versammlungsort bietet, an dem man unzensiert von der üblichen »Diskurspolizei« kommunizieren kann. Es stimmt auch, dass Facebook allen Menschen eine Stimme gibt und, wie Zuckerberg gern betont, nicht nur den »big guys«. Allerdings ist dies, wenn man genauer hinschaut, weniger die Lösung des Problems als dessen Verschärfung. Denn die Mittel, die Facebook seinen Nutzern zur Meinungsäußerung und Meinungsbildung an die Hand gibt, demontieren die psychologische Grundlage einer solchen.

Was in Facebooks Kommunikationsblase auf der Strecke bleibt, ist nicht nur die politische Meinung der anderen Seite, sondern auch die Anstrengung, die man braucht, wenn etwas so kompliziert wird, wie Politik sein kann. Auf der Strecke bleibt das komplexe Argument zugunsten der simplen Parole, der Text zugunsten des Bildes, mühsame Versuche des Welt- und Selbstverstehens zugunsten amüsanter Banalitäten, die Vertiefung zugunsten des Klicks. Facebooks Verbrechen liegt nicht darin, Falschmeldungen und Hassreden zuzulassen, sondern darin, Kommunikationsbedingungen zu schaffen, die für eben solche Beiträge anfällig machen.

Zuckerberg betont gern, dass Facebook ein Technologiekonzern sei und kein Medienunternehmen, womit es so wenig für die ausgetauschten Inhalte verantwortlich wäre wie Apple, wenn mit dem iPhone ein Mord verabredet wird. Kritiker entgegnen zu Recht, dass Facebook inzwischen für viele die einzige Zeitung sei, die sie lesen, was eine entsprechende Verantwortung für die dort präsentierten Inhalte verlange. Zu dieser Verantwortung gehört dann auch, Informationen nicht, wie ein Technologiekonzern es tun würde, gleichberechtigt zu behandeln, sondern die News aus dem Parlament von den News der besten Freundin zu trennen und jene diesen vorzuziehen. Aber man muss weiter gehen und tiefer ansetzen. Facebook ist nicht nur ein Informationsanbieter, es ist eine Sozialisationsinstanz, die einen Umgang mit Information praktiziert, der in der Tat den Erfolg von Demagogen wie Trump erleichtert – sowie jener, die es ihm nachmachen werden.

Das Ermittlungsverfahren gegen Zuckerberg müsste mehr Belastungszeugen vorladen als die Filterblase und es müsste dieser mehr zum Vorwurf machen als Quantität, Dualismus und Tempo. Desinformation beginnt bei der Auswahl von Information, die in der Facebook-Blase das Politische zugunsten des Privaten, Aufklärung und Bildung zugunsten des Banalen und Spektakulären verdrängt. Zuckerberg tut alles, um diesen Prozess voranzutreiben, wenn er die traditionellen Medien ökonomisch in die Enge treibt, indem er ihnen Abonnenten und Werbekunden entführt. Inzwischen hat er sie so weit, dass sie zähneknirschend bei Facebook Zuflucht suchen und im Modus der »Instant Articles« dort, wie ein Rufer in der Wüste oder am brausenden Meer, auf Zuhörer hoffen.

Auch das ist noch nicht alles. Es gibt mehr Anklagepunkte, was den Verdacht auf Beihilfe zur Volksverdummung betrifft. Facebook verspielt, Tag für Tag, Klick für Klick, das mentale Tafelsilber einer aufgeklärten Öffentlichkeit: Geduld, Skepsis, Konzentration, Interesse, ein gewisses Ansehen der Experten und die Bereitschaft, Arbeit auf sich zu nehmen, um diese zu verstehen. Von all dem wird im Folgenden die Rede sein.

Zu klären ist auch die Schuldfähigkeit, denn es ist fraglich, dass *ein* Mann und *ein* Unternehmen die Macht haben, die Kulturen der Welt zu ändern. Die Verteidigung wird mit

Zuckerbergs eigenen Worten argumentieren, Facebook greife nur Trends auf. Die Anklage wird zu Recht einwenden, dass Facebook aus niederen Beweggründen Trends verstärke oder schaffe und schon wegen seines Geschäftsmodells die Tiefenlektüre der Klickfülle opfere. Die Verteidigung wiederum wird den Vorwurf der Bereicherung mit dem Hinweis auf die Chan-Zuckerberg-Initiative parieren, woraufhin die Anklage … etc. etc.

Medienbildung

Nach wenigen Wochen war alles vorbei. Nicht die Angst vor Trump, aber die Beschuldigung Zuckerbergs. Das Thema hatte sich erschöpft, meinte die Presse, während Medienwissenschaftler hofften, es würde endlich an Tiefe gewinnen. Andere Fragen erregten nun die Gemüter: Trumps Sieg als krachende Niederlage der Politikberater und Volksbefragungsagenturen, die gar nicht so wenigen Stimmen für Trump von Latinos, Trumps Transitionteam, Trumps Schwiegersohn. Facebook schaffte es nicht mehr durch den Neuigkeitswertfilter der Medien.

Gleichwohl: Die aufgeregte Frage nach dem gesellschaftlichen Einfluss Facebooks und die ratlose Oberflächlichkeit der Kritik hatten den Diskussionsbedarf deutlich gemacht. Nun kam es darauf an, die Frage über das Tagesgeschäft der alten Erregungsmedien am Leben zu halten und in alle Ecken der Gesellschaft zu tragen. Die Kritik muss vertieft werden und breiter Fuß fassen. Sie muss an den Universitäten ausgebaut werden, sie muss die Politik erreichen, sie muss an die Schulen gehen, sie muss zu einer Medienbildung führen, die nicht nur fragt, wie wir die Medien effektiv nutzen können, sondern auch: Wie verändern die neuen Medien die Bedingungen unseres Daseins? Welche sozialen, kulturellen, politischen Folgen hat das? Wollen wir das? Können wir es aufhalten?

Zuckerberg erklärte in seiner ersten Stellungnahme zum Wahlergebnis unter der bemerkenswerten Überschrift »feeling hopeful«, dass sein Projekt größer sei als irgendeine Präsidentschaft und Fortschritt sich nicht in direkter Linie ereigne. Sein Projekt ist, wie er immer wieder betont, die Menschen einander näher zu bringen. Facebook soll nicht nur die Amerikaner miteinander versöhnen, es soll die ganze Welt vereinen. Die soeben angestellten Überlegungen lassen eher vermuten, dass die Bedingungen, unter denen auf Facebook kommuniziert wird, die Welt entzweien, weil sie nicht darauf vorbereiten, mit gegensätzlichen politischen Ansichten konstruktiv umzugehen und mit den eigenen skeptisch. Warum ist Zuckerberg so hoffnungsvoll? Was hat er im Sinn? Könnte es sein, dass wir ihn bisher völlig missverstanden haben? Muss die Filterblase noch viel größer gedacht werden als hier getan? Will Zuckerberg das Problem politischer Aggression etwa lösen, indem er das Politische aus der Kommunikation drängt? Facebook als riesige Party der Banalitäten jenseits des politischen Sprengstoffs? Die Rettung der Welt durch eine Kultur des Banalen also; Verdummung als Heilmittel. Ein absurder Gedanke, den wir uns für das Ende des Buches aufheben.[18]

Faust auf Facebook

Es waren spannende Zeiten, als Faust mit dem Teufel paktierte, um die Welt zu verändern. Gewiss, es ging auch um Frauen. Aber wer über den ersten Teil von Goethes *Faust* hinauskam, weiß, dass die Gretchengeschichte nur das Vorspiel (eine Verzögerung, gewiss, aber zugleich eine innere Vorbereitung) für Fausts eigentliche Rolle des rast- und rücksichtslosen Weltengestalters war. Diese Ambition bezeugt schon Fausts Pakt mit dem Teufel, den er als Wette formuliert: »Werde ich zum Augenblicke sagen: Verweile doch! Du bist so schön! Dann magst du mich in Fesseln schlagen, dann will ich gern zugrunde gehn!« Faust musste seine Seele dem Teufel nur dann für die geleisteten Dienste überlassen, sollte er das innere und äußere Fortschreiten anhalten – nicht aber, solange er strebend sich bemüht, zu begreifen, was die Welt im Innersten zusammenhält – und sie zu gestalten versucht.

Ist Faust noch am Leben? Hat ihn am Ende

der Teufel geholt? Am ehesten findet man Faust heute wohl im Silicon Valley, wo allerlei Technologien entwickelt werden, die, wie es hartnäckig heißt, die Welt ein Stück besser machen werden. Im Informationszeitalter bedeutet dies zumeist, den Informationsfluss und Verbindungsgrad zu verbessern. Deswegen lautet die Gretchenfrage der Gegenwart: Und wie hältst du es mit Facebook? Was die Frage einschließt: Wie hältst du's mit dem Augenblick?

Beziehen wir die Frage auf uns, sieht es zunächst so aus, als würden wir alle Fausts Wette hoffnungslos verlieren. Wer will noch die Welt verändern? Wer glaubt wie Faust (oder Adorno), dass die Geschichte des Menschen noch gar nicht richtig begonnen habe? Wer von uns hält nicht ständig den Augenblick fest, als gelte es, ihn nie zu verlieren? Unsere Geräte und Facebook-Seiten sind voll von fotografischen Zeugen schöner Momente, die im chinesischen Äquivalent WeChat auch tatsächlich »Momente« heißen. Aber: Mehr ist weniger! Mit der Anzahl an festgehaltenen Augenblicken steigt der Verdacht, dass da etwas nicht stimmt.

Die Lu/ast des Augenblicks

Spätestens seit der Ausrufung der Erlebnisgesellschaft in den 1980er Jahren ist das postmoderne Subjekt auf der Jagd nach Ereignissen, statt auf dem Weg zu einem Ziel. Befreit von alten Strukturen, traditionellen Rollenbildern und aufgedrängten Lebensentwürfen entwickelt es eine Identität, die sich weder von der Vergangenheit bestimmen noch von der Zukunft verpflichten lässt. Es ist frei zu was es will, ohne etwas wollen zu müssen und ohne zu wissen, was es wollen sollte. So lebt es dahin, im Taumel unaufhörlicher Gegenwart, rastlos unterwegs von Augenblick zu Augenblick.

Dass der radikale Jetzt-Bezug auch bedrängt und beängstigt, verkünden manche Zeitdiagnosen schon im Buchtitel, wenn diese *Tyranny of the Moment* (2001) oder *Present Shock* (2014) lauten.[19] Aber was soll man nach dem Ende der Geschichte anderes erwarten? Welche Rolle bleibt der Gegenwart, wenn man nicht mehr glaubt, dass sie der Vergangenheit eine bessere Zukunft schuldig ist? Herausgelöst aus jedem geschichtsphilosophischen Zeitstrahl hängt sie in der Luft und bläht sich auf, bis man sie nur noch in Bewegung, von Ereignis zu Ereignis eilend, erträgt. Ohne den tieferen Bezug zum

Rest der Zeit aber ist jedes davon immer zugleich nicht genug und viel zuviel.

Das Problem ist nicht, dass der Augenblick im 21. Jahrhundert, anders als bei Faust oder den Romantikern, kein intensiver Moment der Selbsterfahrung mehr ist. Das Problem ist, dass er nicht einmal mehr als Moment des intensiven Selbstgenusses taugt. Erlebnisse sind auch Verpflichtung, sie zu erfahren. Sie fordern von uns eine Präsenz, die Faust für jeden Augenblick, den er nicht ums Verweilen bat, besaß. Wir aber denken, wir hätten das Unsrige getan, wenn wir vom Museumsshop ein Souvenir heimbringen und vom Rockkonzert ein Video. Inzwischen beschweren sich sogar die Musiker, dass das Publikum sich hinter der Kamera versteckt und nicht mehr wirklich da ist: »Ich bin wirklich hier in real life. Du kannst das in real life erleben statt durch die Kamera.«[20]

Wir sind an einem Ort nur deswegen, weil wir gerade nicht an einem anderen sind, und fragen uns oft, ob wir nicht wechseln sollten. Wir sind nicht mehr *Faust II*, aber wir sind auch nicht *Faust I* – das waren die wilden 1960er, als es galt, das Beschränkte der bürgerlichen Existenz aufzubrechen, damals noch in der Annahme, dies der Welt schuldig zu sein. Für die Generation X galt schon die Losung, die der Kultfilm *Reality Bytes* (1994) ausgab:

»I am not under any orders to make the world a better place.« Seitdem hetzen wir atemlos von einer Dringlichkeit zur anderen und fühlen uns nie und nirgends so richtig wohl. Wir wissen das, sobald es aus Versehen einmal still um uns wird. Die Rettung, die uns nun nicht mehr loslässt, liegt in den neuen Medien und sozialen Netzwerken.

Kommunikatives Rauchen

Das Smartphone ist die Zigarette des 21. Jahrhunderts, heißt es, und damit ist nicht die Zigarette als Genussmittel gemeint, sondern als Verlegenheitslösung. Als Halt und Selbstschutz vor einer unbequemen, bedrängenden Gegenwart. Der entscheidende Unterschied ist weniger das andere Medium und die anderen gesundheitlichen Folgen als der andere Sozialaspekt der Flucht. Während das Rauchen aus Verlegenheit im Hier und Jetzt isoliert, führt die Kommunikation mit dem sozialen Netzwerk im Dort und Jetzt zu einer Art Gruppenkuscheln des Sharings und Likens. Man zieht sich nicht hilflos zurück in die eigenen Raucherringe, man erfährt sich als aktiven Teil einer Gemeinschaft, an die man den erlebten Augenblick delegieren kann, so wie die anderen es mit ihren Augenblicken tun. Jeder hilft dem nächsten, die Augenblicksangst durch Kommunikation als Handlungsmacht zu tarnen.

Es gibt eine doppelte Ignoranz gegenüber dem Augenblick: Man entflieht ihm, wenn man ihn aufnimmt, und man kehrt zumeist nie wieder zu ihm zurück. Die fotografische Betriebsamkeit ist kein Verrat der Gegenwart im Interesse der Zukunft wie in vergangenen Zeiten. Es gibt keinen Dia-Vortrag im Verwandtenkreis mehr oder die Erinnerung allein beim Wein nach Mitternacht am Tisch voller Fotos. Wer hat soviel Zeit, all die Bilder nochmals durchzugehen, deren Herstellung einem einst so wichtig schien? Das spätere Ansehen ist dem Teilen noch vor Ort gewichen. Das soziale Netzwerk sieht immer gleich mit und es sieht für uns, während wir, auf die ersten Likes wartend, die Sharings der anderen durchgehen.

Was wie ein narzisstisches Mitteilungsbedürfnis aussieht, ist ein Hilferuf an die Netzwerk-Freunde, uns aus dem Augenblick zu befreien, der uns, glaubt man dem Foto, so beglückt. Sind also die vielen Momentaufnahmen in unseren sozialen Netzwerken eher der Beweis, dass wir die Wette gewinnen? Dieser Sicht würde weder Mephisto noch der Herrgott zustimmen.

Parallelwelt

Faust kann nicht verweilen, weil er noch so viel vorhat. Er muss noch am Königshof das Geld erfinden, er muss noch Helena aus der Antike holen, er muss noch den künstlichen Menschen erfinden und dem Meer Land abtrotzen. Er muss wirklich erst noch die Welt retten. Faust ist das egomanische »imperiale Selbst«, voller Bewegung und Erlebnisse. Wir sind das »narzisstische, infantile, leere Selbst«, wenn auch ohne das therapeutische Beiwerk der Selbstsuche. Faust lässt den Augenblick permanent hinter sich, weil er auf dem Zeitstrahl unterwegs ist. Uns hingegen treibt es nicht nach vorn und auch nicht nach innen, sondern nur woanders hin. Der »psychologische Mensch«, der in den 1970er Jahren das »imperiale Selbst« ablöste, ist dem phatischen gewichen; das Ziel ist das gleiche geblieben: »mentale Gesundheit«.[21]

Was wir tun, wenn wir jeden Augenblick festhalten, ist ein Sprung aus der Zeit ins Kommunikationsgeflecht des Cyberspace. Auf diese Weise leben wir, die wir ohne Vergangenheit und Zukunft leben, zugleich jenseits der Gegenwart. Wo auch immer wir gerade sind, im sozialen Raum der digitalen Medien fühlen wir uns geborgen. Dort ist uns jede App vertraut, jeder Kontakt beliebt, kann jede Bedrohung weggeklickt werden.

Das Smartphone ist mehr als eine Zigarette: Es ist Schutzschild gegen den Rest der Welt. Wann immer wir einem Augenblick entfliehen, entfliehen wir hierhin. Der virtuelle Raum ist zum Verweilen schön, schöner noch als der Augenblick, dem Faust schwor, nie nachzugeben. Die Wette ist deswegen längst entschieden. Längst sind wir in Fesseln geschlagen, längst haben wir unsere Seele verloren. Denn die digitalen Medien sind nicht die Dienste, die Mephisto dem Menschen bis zum Wettentscheid leistet, sondern schon sein eigenes Reich.

Gläserner Mensch

Möglich, dass die künftige Geschichtsschreibung einen Streitfall berichtet, der sich im Jahr 2023 ereignete. Damals, wird es heißen, erstattete das deutsche Internetministerium, das einige Jahre nach dem NSA-Überwachungsskandal 2013 gegründet worden war, eine Unterlassungsklage gegen die Vereinigung der Datenschutzaktivisten. Deren sogenannter »weiße Block« hatte schon lange gefordert, Kapseln der Nichtkommunikation zu erzeugen, zum Beispiel durch Deaktivierung des GPS am Smart Phone. Die Deaktivierung war 2023 zwar nicht mehr möglich, aber der Besitz eines Smart Phones noch keine Vorschrift. Das wollte das Internetministerium nun ändern.

Das Verkehrsministerium beabsichtigte, Presence-Technologie, die mit der Präzision von fünf Zentimetern die Position ihres Trägers anzeigt, in der Verkehrsregelung einzusetzen. Das sei, so hieß es, schon deswegen wichtig, weil Fahrzeuge inzwischen geräuschlos fahren.

Kollisionen jeder Art konnten somit blind und taub vermieden werden durch automatisch ausgelöste Warnsignale oder Bremsbefehle an zwei Trägern eines solchen Sensors, wenn deren Positionskoordinaten das Abstandslimit unterschritten. Die Datenschutzaktivisten hatten keine Argumente gegen dieses als sicher erachtete Verfahren, forderten aber eine Anonymisierung, da die Vermeidung von Kollisionen zwischen einem Auto und einem Fahrrad nicht die Identifizierung der Fahrer voraussetze.

Dieser Perspektive schloss sich das Internetministerium nicht an, mit der Begründung, modernstes Data-Mining errechne aus der Kenntnis der physischen und psychischen Kondition der Fahrer, ihrer Alltagsroutinen, der Fahrzeugmodelle und vieler anderer verfügbarer Daten die Wahrscheinlichkeit einer Kollision und könne entsprechend effektiv Präventivmaßnahmen auslösen. Da Verkehrssicherheit keine Privatangelegenheit sei, dürfe sich kein Bürger der Identifizierung entziehen. Der Aufruf, Lücken in der kybernetischen Kommunikation zu schaffen, wurde somit als verkehrsgefährdend, von manchen auch als terroristisch eingestuft und gerichtlich untersagt.

Snowdens Unterbrechung

Science Fiction? Welcher Teil? Presence Technology und Smart Things sind inzwischen so sehr Zeitungsthema wie die Nutzung von GPS weitverbreitete Realität. Algorithmen suchen längst Big Data nach verdeckten Korrelationen ab, immer mehr Self-Tracker füttern freiwillig den Datenpool mit Beobachtungen zu ihrem eigenen Alltagsverhalten und Rationalisierung gehört nicht erst seit der Digitalisierung der Gesellschaft zu den Mitteln moderner Staatsführung. Ist es etwa Science Fiction, dass Menschen demnächst ihrer Brille befehlen werden, ihnen Informationen über den Menschen am Nachbartisch zu suchen?

Als Google Glass noch kurz vor der Markteinführung stand, wurde in einem Weblog-Kommentar den Trägern solcher Überwachungsgeräte höhere Versicherungsbeiträge prophezeit; wegen all der Blessuren und gebrochenen Nasenbeine, die sie von ihrer Umwelt zu erwarten hätten. *Das* ist Fiction. Im Gegenteil, Google Glass – oder wie immer das marktfähige Äquivalent heißen wird – wird so erfolgreich sein wie das iPad, und die Nutzer werden alle möglichen Discounts erhalten, wenn sie die Versicherungsfirmen mit durch die Brille schauen lassen.

Der NSA-Skandal hatte 2013 den gläsernen Menschen zum Sommerlochthema gemacht und Orwells *1984* zur Urlaubslektüre. Aufrufe zur Rettung der bürgerlichen Grundrechte und des Internet, wie es einst war (ein Ort der freien Meinungsäußerung; ohne Überwachung und ohne Kommerz), versetzten viele Gemüter in Kampfstimmung. Wenige Kommentare betonten, dass der gläserne Mensch nur teilweise ein Produkt des Geheimdienstes sei und stärker noch als durch Überwachung transparent werde durch Ignoranz, Geiz und Bequemlichkeit.

Kollaborationen

Ignorant ist die Auskunft: Ich habe ja nichts zu verbergen. Weiß man denn, welche Muster die Algorithmen im eigenen Verhalten entdecken und inwiefern einem dies von Nachteil sein kann? Wie kann man sein Grundrecht auf informationelle Selbstbestimmung ausüben, wenn der moderne Analytiker einem gar nicht sagt, was er gefunden hat, und auch nicht fragt, ob er davon öffentlich Gebrauch machen darf.

Wie unsolidarisch diese Erklärung zudem ist, zeigt schon eine Nachricht im August 2013 über die erste Trauung zweier Männer in einer evangelischen Kirche. Was vor wenigen Jahrzehnten verboten oder verpönt gewesen war, wird nun gesellschaftlich anerkannt und kirchlich gesegnet, womit viele, die gestern noch etwas zu verbergen hatten, aus heutiger Sicht schon damals keine schlechten Menschen waren. Wer das Lied der Transparenz singt, ist moralisch kaltherzig gegen die Sorgen von Minderheiten und politisch naiv, weil er einerseits unterstellt, die geltenden Gesetze und Moralvorstellungen der Gesellschaft seien immer auf der Höhe der Zeit, und andererseits, dass sie unantastbar sind. Auch die Juden haben einmal gedacht, sie seien nun in der Mitte der deutschen Gesellschaft angekommen, und nicht wenige US-Bürger fürchten nach Trumps Wahlsieg, nun aus der Mitte ihrer Gesellschaft wieder vertrieben zu werden. Solange Geschichte Fortschritt nicht gegen Rückschläge versichern kann, müsste es eigentlich Pflicht aller Bürger sein, das Recht des Verbergens zu schützen, indem man es selbst praktiziert.

Unsolidarisch ist auch, persönliche Daten für finanzielle Vorteile herzugeben. Das beginnt, wenn man individuelle Konsumgewohnheiten für Discountangebote preisgibt oder dem kostenlosen Emaildienst Google das Mitlesen erlaubt. Wer Versicherungsrabatte einstreicht, weil er seinen Autofahrstil oder seine körperliche Bewegung überwachen lässt, sorgt schließlich dafür, dass jene, die den somit errechneten Durchschnitt verpassen oder den Nachweis ihrer Durchschnittlichkeit nicht erbringen wollen, mehr zahlen müssen. Die persönliche Freizügigkeit mit Daten hat Konsequenzen auch für andere.

Der größte Antrieb für den gläsernen Menschen aber ist die Bequemlichkeit, die Delegierung möglichst vieler Aufgaben an softwareschwere Alltagsdinge, die untereinander kommunizieren: der Swimmingpool, der sich aufheizt, wenn im Kalender ein Barbecue eingetragen ist, der Kühlschrank, der Bestellungen aufgibt, wenn das Bier alle ist und die Milch ihr Verfallsdatum erreicht hat, das Auto, das Staumeldungen und Baustellenverzeichnisse konsultiert und automatisch die Fahrroute anpasst. Vom Medienwissenschaftler Marshall McLuhan stammt die Bezeichnung der Medien als »extension of man« bzw. »Organverlängerung«: Erweiterung der Arme (Hammer, Pistole), der Beine (Rad, Auto), des Auges (Fernrohr, Mikroskop), des Gedächtnisses (Schrift, Fotografie). Mit dem »Internet der Dinge« übernimmt der Computer nicht mehr nur das Rechnen für uns, sondern auch das Beobachten und Auswerten unserer Umwelt (Denken). Dass die Schattenseite der Organverlängerung für McLuhan die »Amputation« ist, wird niemanden überraschen; wir wissen, dass unsere Beine vom Autofahren nicht kräftiger werden. Das Internet der Dinge verdoppelt den Schatten: Es macht unser Denken nicht elastischer und arbeitet umso besser, je mehr es über uns weiß.

Ohnmacht des Gelingens

Die Kommunikation der Dinge, so wird es in den Geschichts›büchern‹ der Zukunft heißen, war der Triumph künstlicher Intelligenz und menschlicher Bequemlichkeit über die verbliebenen Datenschutzbemühungen des frühen 21. Jahrhunderts. Es machte das Leben der Menschen einfacher und zugleich kontrollierbarer, denn es unterstellte fast jede Handlung der Datensammlung. Ein Paradies für Mediziner, Stadtplaner und Verkehrsregler. Der entstandene Big Data Pool ist nicht Symptom des Geheimdienstes, sondern Erbe der Aufklärung, für die jeder unvermessene Hügel eine Beleidigung der Vernunft war. Die Digitalisierung der Gesellschaft ist die Erweiterung des Zollstocks ins Soziale.

Der gläserne Mensch ist somit Produkt einer kulturellen und technologischen Disposition, die McLuhan als technischen Determinismus in zweiter Instanz bestimmt: »Wir formen unser Werkzeug, und danach formt unser Werkzeug uns.« Eine alte Geschichte: Die Maschinen übernehmen das Kommando, wie der Supercomputer HAL in Stanley Kubricks Film *Odyssee 2001*. Eine Art *Zauberlehrling 2.0*, nur weiß nun, anders als in Goethes Ballade, auch der Meister nicht, wie er die gerufenen Geister wieder los wird.

Der Technikphilosoph Hans Jonas beschrieb das Problem 1979 in seinem Buch *Das Prinzip Verantwortung. Ethik für die technologische Zivilisation* als Ohnmacht gegenüber dem Gelingen: Das Verhängnis des Menschen ist der Triumph des *homo faber*, der diesen schließlich zum willenlosen Vollstrecker seines Könnens macht. »YES WE SCAN« stand im Sommer 2013 auf einem Plakat gegen die Überwachungspraxis der NSA, was zusammen mit dem berühmten Satz, der damit gegen Präsident Obama aufgerufen wurde, das fatalistische Verhältnis der Moderne zur Technologie kennzeichnet: Wir können immer besser Big Data auswerten und also tun wir es auch.

Staatsräson

Sind wir diesem technischen Gelingen – und der aktuelle Begriff dafür lautet Programmieren, Analysieren – schon unterlegen oder können wir uns der Macht, die wir über die Algorithmen haben, noch entziehen, bevor diese selbst uns ihre Postulate aufdrängen? Die Antwort hängt auch davon ab, welches Problembewusstsein die Aufweichung des Datenschutzes hinterlässt und wo man den Feind vermutet: im Geheimdienst und Staat, in den Netzgiganten und Programmierern oder auch in uns selbst, die wir die Unfallvermeidung durch Algorithmen so entlastend empfinden, dass wir die dafür nötige Datenpreisgabe nicht nur in Kauf nehmen, sondern von den verbliebenen ›Fortschrittsfeinden‹ auch erzwingen.

Die Ministerien jedenfalls haben längst erkannt, dass Datensammeln ihre Arbeit wesentlich erleichtert. Das im Juni 2016 vom Deutschen Bundestag beschlossene »Gesetz zur Digitalisierung der Energiewende« zwingt zwar nicht zur Identifizierung per Presence-Technologie, wohl aber zum Einbau intelligenter Stromzähler. Auf diese Weise, so die Begründung, sind Energieeinsparungen von mindestens 1,5 Prozent möglich. Wer wollte da – wie die Grünen und Linken, die gegen das

Gesetz stimmten – den Datenschutz gegen ökologische Erfolge ins Feld führen oder pedantisch Sicherheitsrisiken anmahnen, weil das »Smart-Meter« als Schnittstelle zum »smarten Heim« Unbefugten Zugang zu diesem gewähren könnte?

Wie ein SPD-Politiker das Gesetz verteidigte: die alte, »unkommunikative« Technik der Drehstromzähler musste endlich durch digitale Technologie abgelöst werden; wie ein CDU-Politiker diese Sehnsucht nach technischem Fortschritt bekräftigte: »wir dürfen uns nicht mit dem Datenschutz immer selbst auf der Bremse stehen«.[22] Der gläserne Mensch, das lassen Vorgänge wie dieser ahnen, ist weder Science Fiction noch ein Phänomen, das demokratisch gewählte Parlamente diktatorisch operierenden Systemen überlassen wollen.

Schicksalsjahr 1984

Manche Jahre tragen, noch ehe sie das Licht der Welt erblicken, eine Last, deren Druck zwischen Januar und Dezember stetig anwächst. Die erste Jahrtausendwende war so ein Fall, als man, nach 1000 Jahren Christus, in Endzeitstimmung versank. Die Erleichterung, dass Antichrist und Jüngstes Gericht ausblieben, drückt sich noch heute in den vielen Kirchen aus, die im unendlich langen Jahr 1000 gebaut wurden. 1984 ist ein weiteres Beispiel für die symbolische Kraft von Jahreszahlen, nachdem der britische Schriftsteller George Orwell 1948 seinem düsteren Roman über die Zukunft den Titel *1984* gab.

Diesmal kam die Entwarnung schon zum Anbruch des Jahres: mit einer gemeinsamen Fernsehshow am Neujahrstag von WNET TV in New York und Centre Pompidou in Paris, die über Satelliten auch in Deutschland und Südkorea ausgestrahlt wurde und weltweit 10 Millionen Menschen erreichte. Die Show war von Nam June Paik konzipiert, dem aus Seoul stammenden Vater der Medienkunst, und hieß angstfrei: *Good Morning Mr. Orwell.* »Was Sie gleich sehen werden«, so begrüßte gut gelaunt Moderator George Plimpton das Publikum, »sind positive und interaktive Nutzungsformen elektronischer Medien, die Mr. Orwell, der erste Medienprophet, sich nie hätte vorstellen können. Dies ist eine Neujahrsfeier, die so nur durchs Fernsehen möglich ist.«[23]

Der Ton der Sorglosigkeit zog sich durch das ganze Programm, das neben Avantgarde-Helden wie Laurie Anderson, Peter Gabriel, John Cage, Allen Ginsberg, Merce Cunningham und Joseph Beuys auch die New Wave Band Oingo Boingo mit ihrem Song »Wake Up (It's 1984)« präsentierte und Zeilen wie:

> Big brother's watching, we watch him back
> We see right through his disguise
> He tries to scare us, with angry words
> But we all know that they're lies.

Nur an einer Stelle der Show änderte sich der Ton. Als die Französin Sapho sang: Big Brother beobachtet dich nicht, aber das Fernsehen frisst dein Gehirn.[24] Hier meldete sich eine andere, bislang kaum gehörte Angst; ein Wechsel, der zumindest in Deutschland geboten schien, wo der 1. Januar 1984 auch der Starttermin für das Privatfernsehen war. Aus dieser Perspektive gab es weder am 1. Januar noch am 31. Dezember 1984 Grund zur Entwarnung.

Big Brothers

»On January 24th, Apple Computer will introduce Macintosh. And you'll see why 1984 won't be like *1984*.« So lautete die Ansage im berühmten Werbefilm, den Apple für den Super Bowl am 22. Januar 1984 produziert hatte. Dem Text vorangegangen war der Wettlauf einer Gruppe bewaffneter Männer mit einer Frau, die einen Vorschlaghammer trug. Als dieser Hammer eine Leinwand zerstört, von der ein Mann auf eine Menge gesichtsloser Gestalten einredet, geht ein Staunen durch die Menge und Licht durchflutet den Raum. *1984* war George Orwells 1948 geschriebener Roman über einen totalitären Staat, auf die 1984 anzuspielen nahe lag, auch wenn es diesmal, in der Morgendämmerung des Neoliberalismus, keinerlei Anzeichen dafür gab, dass das Befürchtete eintreffen könnte. Der einzige große Bruder, den es 1984 gab, war, für die osteuropäischen Staaten, die Sowjetunion, und die stand kurz vor Glasnost und Perestroika.

Für Apple war das Feindbild aber auch gar nicht ein Diktator, sondern ein Wirtschaftskonkurrent: IBM, intern auch Big Blue genannt. Der Werbeclip schoss mit Kanonen auf Spatzen. Denn aus politischer Perspektive ist selbst ein mächtiger Konzern wie IBM nichts gegen ein autoritäres System – jedenfalls bevor Apple selbst ein Konzern wurde und die »iCulture« schuf, mit der er die gesellschaftliche Kommunikation wesentlich bestimmt: vom Lock-in-Effekt bis zu den Zensurmaßnahmen im App-Store. Aber selbst wenn es 1984 keine Gedankenpolizei gab, gegen die der Vorschlaghammer zu schwingen war, hatte Apples Befreiungsrhetorik einen rationalen Kern: Wenn Rechenpower Macht ist, ist der erschwingliche Personalcomputer Ermächtigung des Einzelnen. Wie wirkungsvoll, so fragt sich drei Jahrzehnte nach 1984, da man Rechenleistung nur noch über Applikationen kontaktiert, ist der Computer in jedermanns Hand gegen das, was *1984* symbolisiert?

Dass etwas schiefgelaufen ist, zeigen schon die Big Brother Awards, die Apple seitdem erhielt: 2011 für »zweifelhafte Datenschutzrichtlinien«, 2013 für »umfassende Videoüberwachung von Beschäftigten der Apple Stores in Deutschland«.[25] Aber gut, solche ungewollten ›Auszeichnungen‹ können jeden treffen. Selbst die Kunstmesse Ars Electronica erhielt 2001 den österreichischen Big Brother Award für »Verharmlosung von Biometrie«. Zudem ist die Akte anderer Internet-Riesen genauso dick: Google zum Beispiel erhielt 2012 den österreichischen und 2013 den deutschen Big Brother Award für »globalen Datenhunger«.

Spannender als beim Beschuss durch ›Technikgegner‹ wird es, wenn sich die Großkonzerne gegenseitig der Big Brotherhood bezichtigen. Dies geschieht implizit in einer anderen Super-Bowl-Werbung, mit der Motorola am 6. Februar 2011 sein Android XOOM Tablet gegen Apples iPad antreten lässt. Das Versprechen ist auch diesmal riesig: »The tablet to create a better world«.[26] So heißt es nach dem Kurzfilm, der wieder viele Menschen mit ausdruckslosen Gesichtern in einer Reihe gehen lässt, diesmal aber nicht in Grau gekleidet, sondern in strahlendes Weiß und jeweils mit einem iPod verstöpselt. Nur einer trägt Dunkel, liest auf seinem Tablet *1984* und produziert auf diesem später im Büro einen animierten Blumenstrauß für eine dieser Weißgekleideten, deren staunender Blick auf das neue Gerät wiederum an eine frühere Macintosh-Werbung erinnert.

Dieser Film funktioniert nur, wenn man seine Bezugspunkte kennt und ihn ironisch liest. Denn ernsthaft lässt sich das Versprechen, mit diesem Tablet eine bessere Welt zu schaffen, nur im Hinblick auf Apples Versprechen, mit dem Macintosh *1984* zu verhindern, verstehen. Warum *bessere* Welt und wieso Macht für die Menschen (der Filmtitel lautet »Empower the People«)? Dass es darauf keine Antwort gibt, sondern nur eine kitschige Liebesgeschichte zwischen einem dunkel und einer weiß Gekleideten, ist der eigentliche Witz. Das Pathos, das bei Apple ungebrochen war, entlarvt Motorola mit Selbstkritik, indem es im Grunde nichts anderes sagt als: Apple behauptete mal, die Welt retten zu wollen, will aber nur seine Produkte verkaufen; wir wollen auch nicht mehr, geben das aber zu.

Was Motorola 2011 recht erfolglos gegen Apples Monopol auf dem Tablet-Markt unternahm, trieb Google mit seinem Android-System auf dem Gebiet der Smartphones an. Als es dadurch auf Kollisionskurs mit Apple geriet, begründete Google den Vorstoß auf seiner Entwicklerkonferenz 2010 mit der Notwendigkeit, einer drakonischen Zukunft vorzubeugen, in der ein Mann, ein Unternehmen, ein Gerät die einzige Wahl wäre – und zeigt ein Bild, wo unter dem Satz »Not the Future We Want« die Zahl 1984 steht.[27] Die Rhetorik verwies subtil auf Apples Video, wo Big Brother von der Leinwand rief: »We are one people. With one will. One resolve. One cause.« Diese Rhetorik passt zu Googles Selbstdarstellung als Freund der Open-Source-Bewegung, der besseren Alternative zu Apples geschlossenem System. Aber auf den Lock-in-Effekt des Monopolisten zielt Google genauso wie Apple, und zwar nicht erst seit es 2016 sein linuxbasiertes Android-System nach außen schloss. Google ist genau wie Apple von dem Verlangen getrieben, das Big Brother im Apple-Video verkündet: »We shall prevail!«

Darüber hinaus lässt sich, wenn es um Überwachung geht, wenig Gutes über ein Unternehmen sagen, das damit prahlt, nichts, was im Internet passiert, könne ihm verborgen bleiben. Ein solches Versprechen liegt natürlich in der Natur gerade des Produkts, mit dem Google zu einem Verb wurde. Denn von einer Suchmaschine erwarten wir, dass sie alles findet, wonach man sie befragt. Aber irgendwie klingt es doch bedrohlich, wenn Ex-CEO Eric Schmidt 2010 stolz verkündet: »Wir wissen, wo du bist. Wir wissen, wo du warst. Wir können mehr oder weniger wissen, was du gerade denkst.«[28] Es klingt bedrohlich auch deswegen, weil sich dieses Bescheidwissen eben nicht auf das Googlen beschränkt. Da ist auch Googles Email, die von Googles

Algorithmen mitgelesen wird, da ist auch Googles Cloud-Service, mit dem bisher in Personalcomputern lagernde Daten auf zentrale Server wandern (ein Supergeschenk für Geheimdienste, Hacker und jedes künftige Big-Brother-Regime), und da ist (wenn es denn noch dazu kommt) Google Glass, womit noch der eigene Blick beobachtet werden kann.

Die Ironie am Rande liegt darin, dass gerade jener Mitarbeiter, dem Google sein inoffizielles Firmenmotto »Don't be evil« verdankt, Paul Buchheit, recht intensiv mit dem Teufel spielte, indem er erst Gmail erfand und später, 2007, mit FriendFeed sein eigenes Startup gründete, ein Social-network-Service, der erlaubte, die Aktivitäten der Freunde im Internet zu verfolgen: was sie posten, welche Musik sie hören usw. Als FriendFeed 2009 für 50 Millionen Dollar an Facebook ging, landete es beim jüngsten Big Brother des Internet, der dafür sorgt, dass mehr oder weniger unser gesamtes Leben der Beobachtung ausgesetzt ist.

Der Vollständigkeit halber: Facebook erhält den deutschen Big Brother Award 2011 für »die gezielte Ausforschung von Menschen und ihrer persönlichen Beziehungen«, sowie den österreichischen 2014 für »Psycho-Experimente mit seinen Mitgliedern« und 2015 »für das Patent, welches Kreditscoring über die Freunde des

Users möglich machen soll«. Facebook-Gründer Mark Zuckerberg versteht nicht einmal die Aufregung um Datenschutz und informationelle Selbstbestimmung: Wer nichts zu verbergen hat, habe doch auch nichts zu befürchten. Für soviel Big-Brother-Logik erhält er zum österreichischen Big Brother Award 2011 zu Recht den »Sonderpreis für ein ›lebenslanges Ärgernis‹«.

Doppelte Negation

1984 fand nicht statt und wird nie stattfinden, und ebenso nicht 1985, wie es Anthony Burgess 1978 in *1985* beschrieb: ein totalitäres Regime der Gewerkschaften, die das Land mit Streiks terrorisieren und Streikbrecher ins Verderben treiben. Nach der neoliberalen Wende und dem Kalten Krieg liegt das Vorbild der Zukunft einige Jahre vor Orwell: in Aldous Huxleys *Schöne neue Welt* von 1932 – eine Dystopie der feineren Art, die unter dem Eindruck der Goldenen Zwanziger und der Pawlow'schen Verhaltenskonditionierung entstand und 1985 unter dem Eindruck der Fernsehkultur in Neil Postmans Essay *Wir amüsieren uns zu Tode* zum aussichtsreicheren Modell der Zukunft erklärt wurde. Im Gegensatz zu Orwell entwirft

Huxley eine Diktatur ohne Jammer, eine Dystopie, die vor lauter Hedonismus von ihren ›Opfern‹ gar nicht als solche erkannt wird.

Der »Telly« spielt eine zentrale Rolle auch in Burgess' *1985*, wo die debile minderjährige Tochter des aufsässigen Helden nur drei Dinge im Kopf hat: Essen, Fernsehen und Masturbieren. Allerdings ist Burgess noch ganz Orwell verpflichtet, wenn er die ideologische Indoktrination durch Geschichtsklitterung und eine degradierte Sprache, die nun »Workers English« heißt, beschreibt. Postmans Essay hingegen zeigt 1985, warum die Zukunft nicht wie *1985* oder *1984* sein wird, sondern wie Huxleys teuflisches Versprechen permanenter Befriedigung. Was bei Huxley die erheiternde Droge Soma erledigt, bewirkt bei Postman der Fernseher: das Bedürfnis zum kritischen Denken tilgen. Sapho in Paiks *Good Morning Mr. Orwell* hatte Recht: Big Brother muss dich nicht beobachten, es reicht, dass das Fernsehen dein Gehirn frisst.

»Urteilsbildung im Zeitalter der Unterhaltungsindustrie«, so der Untertitel von Postmans Essay, wird nicht durch Bewusstseinsindustrie manipuliert, die dem Subjekt bestimmte Gedanken einpflanzt, wie etwa in Burgess' Roman *Clockwork Orange*. Das Fernsehen ist vielmehr ein Nullmedium, das nichts weiter will, als dass man sich unterhalten fühlt. Die politische Zähmung erfolgt durch Verdummung, wie Adorno einst schrieb: »Die Befreiung, die Amüsement verspricht, ist die von Denken als Negation«. Es geht darum, beschäftigt zu sein, ohne auf ›dumme Gedanken‹ zu kommen. Radikal wird diese Negation der Negation, wenn sie sich vom Fernseher in der heimischen Stube befreit. Den Grundstein dafür legt das Jahr 1984: als Apples Macintosh und Facebooks Zuckerberg das Licht der Welt erblicken.

FOMO Soma

»Never trust a computer you can't lift.« So warb Steve Jobs einst für den Macintosh. Seitdem wurden die Geräte immer kleiner. Heute halten wir sie lässig in der Hand und jagen mit dem Daumen durch die Zerstreuung dieser Welt. Das aktuelle Soma heißt FOMO (fear of missing out) und sorgt dafür, dass wir vor lauter Kommunikation kaum noch zum Denken kommen. Dass der Telly nun immer bei uns ist, verdanken wir zunächst Apples iPhone, dass er immer was Spannendes zu bieten hat, Zuckerbergs Facebook.

Big Brothers lieben kleine Geräte, und zwar vor allem, wenn sie allgegenwärtig sind. Wenn erst der Staub voller Software ist und alle Dinge miteinander kommunizieren, wird es keine Bereiche des Lebens mehr geben, die nicht datafiziert, also analysier- und kontrollierbar sind. Die Kontrolle wird sich als Liebe und Beistand ausgeben, so wie es im Sommer 2015 Microsoft mit seinem neuen Betriebssystem Windows 10 versuchte, das alles, was man am Computer und im Internet unternimmt, wissen will und nach Hause meldet, um, wie es heißt, seine Nutzer besser vor Cybercrime schützen zu können. Ein gewagtes Spiel so kurz nach Snowden, das aber aufgehen könnte, denn seit 9/11 läuft das Geschäft Sicherheit gegen Transparenz recht gut.

Die schöne neue Welt wird nicht ohne Überwachung auskommen, aber dies wird in unserem Interesse geschehen und von uns selbst installiert werden. So lange wir uns mit Facebook, WhatsApp, Snapchat, Instagram oder was auch immer es sein mag unverzagt amüsieren, ist nichts zu fürchten. Die vielbeklagte Verdummung durch all diese Medien ist kein ungewollter Nebeneffekt. Sie ist ein wichtiges Element auch in Huxleys unscheinbarer Dystopie, wo den Embryonen der »Epsilons« (die Kaste für untergeordnete Aufgaben) Sauerstoff entzogen wird, damit sie geistig beschränkt bleiben. So drastisch operiert das

21. Jahrhundert selbst in Nordkorea nicht. Statt Sauerstoffentzug gibt es Informationsüberschuss, dessen Permanenz das Smartphone sichert. Der bissigere Antifilm zu Apples *1984* würde den Männern iPhones als Waffen geben, die sie der gejagten Frau aufdrängen wollen. Die Frau hätte die Gesichtszüge von Steve Jobs, der, was die meisten nicht wissen und wohl auch nie vermuten würden, die eigenen Kinder vom iPhone fernhielt: Denn die Schlimmsten sind, die öffentlich Wein predigen und heimlich Wasser trinken.[29]

Leben als Archiv

Was waren das noch für Zeiten, als nichts verloren ging! Keine menschliche Aktion, die nicht zur Weltgeschichte beitrug, in der man wiederum nichts als eine Entwicklung zum Besseren sah. Kant gründete darauf seine *Idee zu einer allgemeinen Geschichte in weltbürgerlicher Absicht* und rief nach einem Historiker, der im scheinbar »widersinnigen Gange menschlicher Dinge« die tiefere »Naturabsicht« als Apriori des philosophischen Chiliasmus erkennt.[30]

Kants Aufsatz erschien Ende 1784 in der Berlinischen Monatsschrift. Der Historiker, nach dem Kant Ausschau hielt, sein einstiger Student Johann Gottfried Herder, hatte schon zehn Jahre zuvor in seiner Abhandlung *Auch eine Philosophie der Geschichte zur Bildung der Menschheit* ausgerufen: »Wie nun seit der Erschaffung unsrer Erde kein Sonnenstrahl auf ihr verlorengegangen ist, so ist auch kein abgefallenes Blatt eines Baumes, kein verflogener Same eines Gewächses, kein Leichnam eines modernden Tiers, noch weniger *eine* Handlung eines lebendigen Wesens ohne Wirkung geblieben.«[31]

Wie anders das heute ist! Verloren die Überzeugung, dass alles, was geschieht, seinen tieferen Sinn hat, verklungen die großen Erzählungen von einer vernunftgeleiteten Menschheitsgeschichte auf dem Pfad zur Gesellschaft emanzipierter Individuen und freier Völker auf freiem Grund. Aber auch der Einzelne versteht sein Leben nur noch als Abfolge unverbundener Lebenssituationen, in denen er jeweils nicht wirklich zuhause ist. Unter solchen Bedingungen flüchten Geschichts- wie Selbstbeschreibung ins Archiv.

Fülle und Ordnung

Wenn ein Gewehr an der Wand hängt, sollte damit auch geschossen werden. So illustriert der russische Schriftsteller Anton Tschechow 1889 das erzähltechnische Grundgesetz der Zweckorientiertheit. Die Elemente eines narrativen Geflechts müssen ihre Präsenz funktional rechtfertigen, was natürlich noch nicht heißt, dass ein Gewehr, das immer wieder auftaucht, aber nie zum Einsatz kommt, bedeutungslos für eine Geschichte wäre.

Was für die traditionelle Erzähltheorie gilt, ist bei der narrativen Geschichtsschreibung nicht anders. Der Göttinger Historiker Johann Christoph Gatterer erklärte 1776 in seinem programmatischen Text *Vom historischen Plan und der darauf sich gründenden Zusammenfügung der Erzählungen*: »Begebenheiten, die nicht zum System gehören, sind jetzt für den Geschichtsschreiber, sozusagen, keine Begebenheiten«.[32] Als Herder seinen ›Energieerhaltungssatz der Geschichte‹ aufstellte, waren andere also schon überzeugt, dass man ihn von hinten lesen muss: Alles steht im Zusammenhang, aber nur nach kluger Vorauswahl. Die Erzählung ist der Gegner all dessen, was aus ihr herausfällt, ganz im Gegensatz zum Archiv.

Der sammelnde Archivar ist, anders als der erzählende Historiker, der Freund des Faktischen, das er perspektivlos akkumuliert. Ihm geht es nicht um die Ordnung des Ganzen, sondern um repräsentative Fülle. Diese Haltung kam nicht zufällig zu neuen Ehren, als Ende des 20. Jahrhunderts die großen Erzählungen aufgebraucht waren. Im gleichen Jahr, da Francis Fukuyama das Ende der Geschichte ausrief, konstatierte der französische Geschichtstheoretiker Pierre Nora eine »Religion des Bewahrens« und ein »registrierendes Gedächtnis, das dem Archiv die Sorge überlässt, sich zu erinnern«.[33]

Diese Auslagerung des Erinnerns ans Archiv bedeutet die Ersetzung der persönlichen Beziehung zum Geschehen durch die neutrale Registrierung des Vergangenen, die neutral ist, weil sie leidenschaftslos ist, und gerecht gegenüber den Details, weil sie keinerlei narrativen Plan hat. Genau dies geschieht heute auch in den sozialen Medien.

Vergessendes Festhalten

Je mehr das Leben in und mittels digitaler Medien stattfindet, umso mehr findet es im Archiv statt. Ob Emails, WhatsApp-Meldungen oder Statusupdates, Kommentare, Likes und Shares in sozialen Netzwerken: die Grundeinstellung ist immer Bewahren. Alles was vergessen werden soll, muss extra gelöscht werden. Zugleich ist das Archiv selbst schon Medium des Vergessens, wenn es die Ereignisse nicht bewahrt, weil sie für uns bedeutsam wären, sondern weil sie sich ereignet haben.

Die Mitteilung unseres Lebens ist episodisch und systemlos geworden. Wir produzieren Statusupdates, die sich kaum aufeinander beziehen und sich technisch auch gar nicht miteinander verlinken lassen. Wir berichten Ereignisse, deren tiefere Bedeutung für uns wir weder kennen noch erkunden, wenn uns ihre Bedeutungslosigkeit jenseits des Augenblicks nicht ohnehin zutiefst bewusst ist. Zumeist berichten wir nicht einmal mehr, was geschah, sondern halten einfach fest, was ist. Ein schnelles Fotos vom Geschehen, noch vor Ort mitgeteilt, Sekunden später die ersten Feedbacks – so füllen wir unser persönliches Archiv mit Selfies, Foodies, Footies und gelegentlich auch einem Bild vom Regenbogen, ohne je die versammelten Begebenheiten ins Verhältnis setzen zu müssen.

Die hoch-symbolische Applikation für diesen Vorgang heißt *Narrative Clip*, eine kleine, am Kragen tragbare Kamera, die automatisch alle 30 Sekunden ein Foto erstellt und diese Aufnahmen zur ›Erzählung‹ des Tages kondensiert. Es ist ein Erzählen aus dem Geiste des Archivs, wählerisch nur mit Blick auf die Qualität der Fotos, ohne jede erzähltaktische Diskriminierung gegenüber isolierten Ereignissen und ohne jedes schlechte Gewissen gegenüber unbenutzten Gewehren. Ein anderes Beispiel ist Facebooks *Jahresrückblick* oder die Zusammenfügung eines Videos aus meiner Facebook-Chronik zum »Friends Day«, aus Anlass des 12. Geburtstags von Facebook.

Archivbeseitigung

Natürlich kann die Erinnerungsarbeit auch später erfolgen. Ein Archiv hat Zeit und bewahrt alles so geduldig wie verlässlich, bis wir unsere Dialogströme auf WhatsApp nochmals durchgehen oder unsere Facebook-Chronik nach uns befragen wollen. Aber wollen wir das? Haben wir die Zeit und den Mut, uns mit unserem früheren Selbst zu beschäftigen? Nichts hindert uns vom idealtypischen Umgang mit einem Medium – außer die Mediennutzungsgewohnheiten, denen man sich so schlecht entziehen kann.

Liegt die wahre, ehrlichste Konsequenz am Ende der Geschichte/n nicht im Ende selbst noch des Archivs? Die App, die diesen Schritt vollzieht, heißt *Snapchat*. Sie wurde durch die versprochene Selbstzerstörung der verschickten Fotos populär, und blieb es auch dann noch, als diverse Screenshot-Software das Zerstörungsversprechen demolierte. Denn wichtiger als die Kontrolle über das eigene Bild war, dass sich kein Archiv füllte, wenn man Fotos erstellte und erhielt. Snapchat ist *die* Technology für den Präsentismus unserer Zeit: Der erlebte Augenblick wird selbst im Festhalten nicht aufbewahrt. Es geht nicht darum, später diesen Augenblick per Foto zu erinnern, sondern darum, ihn jetzt mit anderen zu teilen. Die Kamera wird von einem Medium der Zeitüberwindung zu einem der Raumverkürzung mit der Folge, dass sie noch radikaler als zuvor zum Medium (auch) des Banalen wird.

Selbst das, was in der Funktion »My Story« gespeichert wird, ist, ganz anders als beim Tagebuch oder Facebooks Chronik, nach 24 Stunden verschwunden. Nichts verkörpert genauer die episodische, situative Identität der Post- oder Spätmoderne – die jeden Tag in seiner Einzigartigkeit betrachtet, statt ihn als Baustein einer Lebensgeschichte zu sehen – als eine App, die nichts festhält, und so erlaubt, jeden Morgen von vorn zu beginnen. Genau diesem Motto dient auch die Abwesenheit einer Like-Funktion bei Snapchat: Wenn sich keine Popularität aufbauen lässt, verliert das strategische Fotografieren an Bedeutung.

Gedächtnisdämmerung

Die technische Konstellation von Snapchat ist nicht ohne Ironie. Denn wenn das digitale Archiv eine Form des Vergessens ist, fördert die Selbstvernichtung des Archivs die Rückkehr zum Gedächtnis. Wenn Snapchater am Abend ihre oder anderer Leute »Story« durchgehen und die Bilder, die ihnen bedeutsam sind, doch sichern, bevor sie verschwinden, vollziehen sie jene Auswahl der Ereignisse, jenes Nachdenken über deren weitergehende Bedeutung, das in der ›Mitteilungswut‹ des Tages verloren geht.

Auch dazu gibt es natürlich schon eine App: *1 Second Everyday*, mit der man eine Montage aus der besten Sekunde eines jeden Tages erstellen kann. Die Bilder, die dabei jeweils ausgewählt werden, formen ein Gedächtnis in zweiter Instanz: Wir halten zwar nicht (unbewusst) in unserem Gedächtnis das fest, was im Erleben wirklich bedeutungsvoll war, aber wir wählen zumindest (bewusst) aus all den angehäuften Fotos diejenigen, die uns nun am wichtigsten erscheinen.

Im Untergrund aber spinnen die Algorithmen an neuen Geschichten. Ausgestattet mit jedem noch so kleinen Detail, mit jeder noch so isolierten Begebenheit befragen sie, wie einst Kant, Herder und Gatterer die Geschichte, den Big Data Pool nach verdeckten Wirkungszusammenhängen. Die große Geschichte, an der sie arbeiten, steht im Zeichen einer völlig neuen Philosophie, die sich, im Anklang an jene Texte aus längst vergangener Zeit, als Bildung der Menschheit in kybernetischer Absicht bezeichnen lässt.

Digitale Madeleine

Als ein inzwischen verschollener Freund mir vor vielen Jahren ein Buch mit Wenn-Fragen schenkte, setzte ich diese gleich bei ihm selbst ein: Wenn du dir ein Telegramm von einer historischen Person wünschen könntest, welche wäre es und was stünde in dem Telegramm? Seine Antwort: Rainer Maria Rilke mit einer Einladung zum Dinner in Schloss Duino. Seitdem erinnere ich mich an diesen Freund, wann immer ich an Rilke denke. Ich sehe ihn mit Rilke zum Golf von Triest wandeln, über die Einsamkeit der Liebenden reden; ich erkenne ihn an den Worten, die ich ihm und Rilke in den Mund lege.

Durch die Antwort auf meine Frage an jenem Tag vor langer Zeit wurde Rilke die Madeleine, die mich nun verlässlich an den Freund erinnert. Marcel Prousts Madeleine – die beim Ich-Erzähler seines Romans *Auf der Suche nach der verlorenen Zeit* in Verbindung mit Kräutertee unwillkürlich Erlebnisse der

Kindheit wachruft – ist der altbackene Kontrast zu den hochmodernen Erinnerungsauslösern der sozialen Medien. Während die Madeleine buchstäblich im Inneren des Subjekts das Erinnern bewirkt, ist das Erinnern in sozialen Medien so unpersönlich wie das Gedächtnis, aus dem es sich speist.

Brachialhistorisierung

Die Facebook-Funktion »An diesem Tag« erinnert daran, was man an eben diesem Tag vor x Jahren auf Facebook gepostet hat. Damit die Ausbeute nicht zu dünn ausfällt, werden auch die Posts Anderer angezeigt, in denen man namentlich erscheint. Vergleichbar operiert die Applikation *Timehop*, die frühere Äußerungen und Fotos der Nutzer aus verschiedenen Quellen (Facebook, Twitter, Dropbox) erneut für 24 Stunden präsentiert. Da die sozialen Netzwerke die Öffentlichkeit zu einem Ort des Privaten gemacht haben, ist es nur folgerichtig, dass mit solchen Applikationen das vom Fernsehen bekannte Konzept »Today in History« auf das individuelle Leben übertragen wird. Der entscheidende Unterschied: Während beim Fernsehen die Erinnerungswürdigkeit einer Nachricht durch ihre Meldung vor zehn oder zwanzig oder wie viel auch immer Jahren gedeckt ist, wird sie nun allein durch ihre Verjährung behauptet.

Dieses aufgedrängte Erinnern unterscheidet sich prinzipiell vom unwillkürlichen, das bei Proust die Madeleine bewirkt. Der Anlass kommt zwar auch dort von außen, aber er aktiviert nur einen Link, der im Unbewussten des Erinnernden schon angelegt ist, zu etwas für ihn Bedeutungsvolles. Wäre dem nicht so, bliebe die Madeleine ein französisches Kleingebäck, das man ohne das Gefühl verzehren würde, soeben eine Gelegenheit zum Erinnern auszuschlagen. Genau diese Option der Bedeutungslosigkeit besteht bei Timehop und Facebook nicht. Hier ist der Erinnerungsanlass zugleich Erinnerungspflicht, jedes Nichterinnern wird hier zum Defizit.

Dieses Defizit spricht freilich weniger gegen das Subjekt als gegen die Technologie der automatisierten Archivierung, die dem Erinnerungsansinnen vorausgeht: Wenn Fotos, Kommentare, Statusmeldungen mehr oder weniger automatisch oder (wenn andere unseren Namen in ihren Posts erwähnen) ohne unser Zutun auf unsere Facebook-Seite geraten, überrascht es kaum, dass sie später nicht im Gedächtnis abrufbar sind.

Die Erinnerungslogik des Jahrestages ist

nicht mehr als der Versuch, den Teufel mit dem Beelzebub auszutreiben. Sie ist zwar ein etabliertes Mittel auch des individuellen Gedenkens, basiert dort allerdings auf der Voraussetzung einer unzweifelhaften Bedeutsamkeit: Geburtstag, Absolvententag, Hochzeitstag … Mit der Jahrestagslogik bei Timehop und Facebook aber werden die Dinge wichtig, ohne ihre Wichtigkeit bewiesen zu haben, wie etwa der riesige Eisbecher damals im Einkaufscenter XY, dessen Foto man eilig und routiniert auf seine Facebook-Seite setzte, mit den Gedanken schon bei der Schlagsahne. Jetzt ist das Bild wieder da, als Held jenes Tages vor genau fünf Jahren, als Symbol eines vergangenen Lebens.

Fremdgedächtnis

Das Einkaufsbummelfoto lebt, durch die neuerliche Wieder-Holung hervorgehoben, auch ohne technische Hilfsmittel im Gedächtnis weiter; der automatisierte Verweis auf einen Eintrag multipliziert den Automatismus, der einst die Entstehung des Eintrags bestimmte. Ein solches ›Erinnern‹ ist das Ende des Vergessens, das die Voraussetzung jedes vernünftigen Erinnerns darstellt, und entwertet so die emotionale Kraft des Erinnerten. Das Gedächtnis wird von einem Seismographen des eigenen Lebens zum Kunstprodukt digitaler Technologien.

Der Gruppenaspekt dieses Erinnerungsbetrugs liegt in der Rückmeldung der Facebook-Freunde, deren Likes, Shares und Kommentare den Inhalt der eigenen Facebook-Seite mitgestalten. Sie sind die Koautoren meiner Selbstdarstellung, die schon damals den Eisbecher – denn wer hätte ihn nicht selbst gern gegessen oder zumindest so getan – mit hunderten von Likes begrüßten. Soviel ›Bedeutung‹ wird bestätigt, wenn der neuerlich auftauchende Eisbecher den gleichen Zuspruch erhält wie genau drei Jahre zuvor. Was schon damals nichts weiter bedeutete, bestimmt, durch die Software ins Gedächtnis geholt und durch die Likes der Freunde aufgewertet, fortan meinen Blick auf die eigene Geschichte.

Wenn es stimmt, dass die Toten an dem erkannt werden, was ihnen wichtig war, werden unsere Nachkommen nicht wenig erstaunt sein, in unserem digitalen Nachlass allen anderen Aufbewahrungsobjekten voran dies zu finden: Ein Erdbeereisbecher mit Schokoladensoße und Schlagsahne. Die digitalen Medien wenden die Logik der Fotografie – die als erste große Anwältin des Alltags auch das Banale sichtbar und erinnerbar machte – nun auf die Fotos selbst an: Das unbedeutsame Foto vom Einkaufsbummel hat die gleiche Chance, in den engeren Zirkel des Erinnerns aufzusteigen, wie das Foto vom Hochzeitstag. Digitales Erinnern ist so blind wie die Gerechtigkeit.

Technisches Verinnern

Mit erhöhter Leistungskraft der Algorithmen könnte allerdings auch das automatische Erinnern bedeutungsvoll werden. Stellen wir uns eine App vor, die Erinnerungsanlässe nicht jahrestagslogisch einspielt, sondern entsprechend unserer aktuellen Situation. So wie Googles Ziel für die Zukunft nicht ist, uns zu sagen, was wir als Nächstes tun sollen (zum Beispiel etwas, das wir seit einem Jahr nicht mehr getan haben), sondern was wir (ohne es schon zu wissen) als Nächstes tun *wollen*, so würde auch diese App uns die Erinnerung einspielen, die, ihrer Berechnung zufolge, zu einem bestimmten Zeitpunkt nahe liegt.

Am Eingangsbeispiel erklärt: Der aktuelle Erwerb einer Madeleine (diese Information steht nach der Abschaffung des Bargelds der App zweifellos zur Verfügung) spielt uns ein Bild aus der Kindheit aufs Handy, als die Tante (auch diese Information wird künftig vorliegen) für uns Madeleines in Kräutertee tunkte. Natürlich darf die Erinnerung erst erscheinen, wenn die Madeleine mit dem Tee am Gaumen in Berührung kommt. Aber auch dieses Problem wird sich lösen lassen, sobald die Teetasse ans Internet der Dinge angeschlossen ist.

Eine erschreckende Aussicht? Man sagt, der Mensch ändert sich mit seiner Technik. Wer ärgert sich heute, dass Facebook an die Geburtstage der Freunde erinnert? Wer wäre dagegen, wenn es den Freund ins Gedächtnis riefe, sobald wir einen Rilke-Text im Internet lesen oder einen Film ansehen, den der Freund einmal ›geliket‹ hat? Gewiss ist nur dies: Der verschollene Freund blieb länger als einen Tag in Duino, Rilkes Elegien im Gepäck und den Gedanken im Sinn, dass all das »Hiesige«, dieses »Schwindende« des täglichen Hier und Jetzt, Zuflucht sucht vor der ignoranten Aufmerksamkeit dieser Zeit, bei uns, den »Schwindendsten«: *in* uns.

Die Moral des Haiku

Das Haiku ist wie eine Statusmeldung aus dem Alltag: *Frühlingsbrise / Der Schiffer / Kaut auf seinem Pfeifchen* oder: *Kein andres Geräusch / Als der Platzregen / Am Sommerabend.* Eine kurze, verbale Momentaufnahme, die Roland Barthes als »Verlöschen der Sprache zugunsten einer Realitätsgewißheit« beschrieb, die »Abwesenheit von Sinn, von Interpretierbarkeit«.[34] Denn es wird nicht mehr gemeint als gesagt: Der Schiffer, der Platzregen; die Dinge ruhen in sich. Es wird eine Situation festgehalten in ihrer bloßen Existenz, ohne Zusammenhang und tiefere Bedeutung. Ein berühmtes Beispiel ist das Reisetagebuch *Okyu-no-hosomichi* des japanischen Haiku-Dichters Matsuo Bashō aus dem Jahr 1689: eine unverbundene Aufzählung von Ereignissen, die jeweils ganz dem Moment zu Diensten ist, statt diesen einem narrativen System zu unterwerfen.[35] Ist dies das heimliche Vorbild für Facebook?

Wortlos sagen

Haikus findet man auf Facebook nur in Verkleidung. Sie treten als Fotografie auf, deren »Noema«, wie Barthes weiter schreibt, der »Realitätseffekt« des Haiku mit prägnanter Nüchternheit imitiert: »es ist so gewesen«.[36] Genau das macht den Großteil der Statusmeldungen auf Facebook und anderen sozialen Netzwerken aus – Fotos aus dem Moment, die nicht mehr sagen wollen als: So ist es gerade (gewesen).

Der Vergleich hinkt, wie Barthes selbst zugibt, denn »die Photographie ist *genötigt, alles zu sagen*: vom Schiffer, welche Kleidung er trägt, sein Alter, den Schmutz«. Das Haiku hingegen verkürzt die Wiedergabe auf wenige Worte. In diesem Weniger liegt allerdings das Mehr der Beobachtung und Auswahl. Die Fotografie ›sagt‹ nur deswegen alles, weil sie eben nicht sagt, sondern zeigt. Das Haiku hingegen ›zeigt‹, worauf es ankommt, wenn es die Kleidung des Schiffers ignoriert, aber das Pfeifchen erwähnt.

Wahrnehmungspsychologisch steht das Haiku damit der Malerei eigentlich näher als der Fotografie, denn beide erwähnen oder zeigen den Schmetterling im sonntagnachmittäglichen Park nur dann und nur so, wenn und wie er dem Beobachter bedeutsam ist. Die Fotografin hingegen hält ihn möglicherweise fest, ohne ihn überhaupt zu bemerken. Entscheidend ist nicht die Differenz zwischen visueller und sprachlicher Darstellung, sondern zwischen Darstellung und Aufzeichnung: Diese ist technisch und also unbewusst und objektiv, jene ist von Hand und also bewusst und subjektiv. Siegfried Kracauer hat diesen Unterschied 1927 als Verschiebung von der Interpretation zur Dokumentation beschrieben: »Im Kunstwerk wird die Bedeutung des Gegenstandes zur Raumerscheinung, während in der Fotografie die Raumerscheinung eines Gegenstandes seine Bedeutung ist.«[37] Anders gesagt: Bei der Fotografie siegt der Schmetterling über die Fotografin, das Objekt über das Subjekt, das Zufällige über den Zusammenhang.

Erkenntnishemmung

Das erkenntnistheoretische Paradox der Fotografie wird deutlich, wenn Kracauer ihr Unvollständigkeit unterstellt. Obwohl oder gerade indem sie alles zeigt, ist sie Fragment, weil sie »den Sinn nicht einbegreift«, auf den das, was sie zeigt, bezogen ist. Das Sprichwort für diese mediale Disposition klang schon an: Weniger ist mehr. Die Malerei oder das Haiku ist weniger und sagt deswegen mehr über eine Situation als das Foto, das ja eben nichts sagt, sondern ›nur‹ alles zeigt.

Aus dem gleichen Grund bestimmt Kracauer den Erkenntnisgewinn der Fotografie ambivalent. Zum einen gesteht er zu: »Noch niemals hat eine Zeit so gut über sich Bescheid gewusst, wenn Bescheid wissen heißt: ein Bild von den Dingen haben, das ihnen im Sinne der Fotografie ähnlich ist.«[38] Zum anderen bezichtigt er die Fotografie, ein »Streikmittel gegen die Erkenntnis« zu sein, weil eben das Vorhandensein objektiver Abbilder der Realität noch keine Einsicht bedeutet. Das Paradox basiert wieder auf der spezifischen Äußerungsform des Fotos, das zeigt statt beschreibt.

Gerade weil die Fotografie nichts sagt, verschweigt sie auch nichts. Sie mag blind sein gegenüber dem Schmetterling, ist dafür und deswegen aber auch unparteiisch – so wie Justitia, die Personifizierung der Gerechtigkeit mit der Augenbinde. Die Fotografie wird den Schmetterling immer zeigen, selbst wenn er sich als Raupe durch das Obst frisst. Das Haiku lässt ihn vielleicht unerwähnt, um die Sommertagsidylle nicht zu stören: *Die Erdbeeren / auf dem Teller / im Garten*. Das »es ist so gewesen« des Haiku ist immer nur Behauptung.

Erkenntnisgewinn

Das Gute der Fotografie ist ohne das Schlechte zu haben, wenn dem Zeigen das Sagen folgt: wenn man die Realität, die das Foto viel genauer zeigt, beschreibt, um sie ins Bewusstsein zu bringen. Das ist nicht als Arbeitsteilung gemeint, sondern als Reihenfolge. Würden die einen fotografieren und die anderen die Fotos beschreiben, bliebe die Erkenntnis ganz bei Letzteren. Soll es demokratisch sein, muss jeder alles tun.

Ein alternatives soziales Netzwerk, das nicht nur auf die Kapitalisierung privater Informationen verzichten, sondern auch die Verdummung durch falschen Medienkonsum verhindern will, wird so eingerichtet sein, dass niemand ein Foto posten kann, ohne es auch zu beschreiben. Und zwar als Haiku, was dazu zwingt, sich auf das Wesentliche zu konzentrieren. Natürlich ist das Wesentliche eine Frage der Perspektive, weswegen die Kommentare bald Gegen-Haikus präsentieren werden. Die Folge könnte eine Sammlung an Haikus zum gleichen Bild sein – eine kollektive Übung im Sehen und Sagen, ein Gesellschaftsspiel von ganz anderer Qualität als *FarmVille* oder *Mafia Wars*.

Die spielerische Herausforderung würde irgendwann dazu führen, dass man die Fotos schon mit Blick auf ihre polyvalente Haikuisierbarkeit auswählt: Es gewinnt das Bild, das die meisten Haikus provoziert. So werden immer mehr komplexe, ambivalente Fotos zu finden sein. Irgendwann wird man andere visuelle Medien hinzuziehen und schon durch die Bildauswahl unterstreichen, wie sehr sie über das Zeigen hinausgehen. Wenn etwa Vermeer van Delfts realistisches und Georges Braques kubistisches Bild einer lesenden Frau nebeneinander gestellt werden, wird dies ein Fest der Haikus sein.

Mit dieser multimedialen Kollaboration remediatisiert das soziale Netzwerk der Zukunft dann das japanische Genre Haiga, das, als minimalistische Zeichnung mit einem Haiku, einst Zeigen und Sagen zusammenbrachte. Es überwindet die »Gleichgültigkeit gegen das mit den Sachen Gemeinte«, die Kracauer 1927 dem »Schneegestöber der Fotografien« nachsagte.[39]

No-Foto-Tag

Das Foto, das ich neulich gern gemacht hätte: Eine Frau, die am belebten Time Square in Hongkong lesend durch die Menge navigiert. Erst dachte ich, sie schaut auf ihr Handy, wie es die meisten hier tun. Dann sah ich das Buch in ihrer Hand. Von diesem überraschenden Ereignis hätte ich gern ein Foto gemacht. Aber ich hatte kein Smartphone dabei, was wahrscheinlich auch der Grund war, dass ich diese Szene überhaupt entdeckte.

Sie schien einem Film aus längst vergangener Zeit entsprungen. Wer nicht nostalgisch dem Minderheitenschutz gefährdeter Medien verfallen will, wird freilich auch nach dem Buchtitel fragen, bevor er diese Frau all jenen vorzieht, die mit dem Smartphone in der Hand durch die Menge tappen. Denn warum sollte ein Kitschroman im alten Medium besser sein als ein Feuilleton im neuen? Natürlich ahnen wir, dass die wenigsten Handys Feuilletons enthalten. Und wer hat nicht schon erwachsene Menschen beim Candycrash-Spielen in der U-Bahn erwischt? Familienväter, die sich in Jelly Blast vertiefen, statt mit ihrem Kind zu reden oder wenigstens diesem das Handy zu überlassen! Ältere Frauen, die zu jung sind, um mit ihrer Obsession für Puzzle-Spiele als Brechts »unwürdige Greisin« durchzugehen.

Aber um die Inhalte geht es hier gar nicht. Es geht nicht um die Infantilisierung oder Stupidifikation der Gesellschaft. Es geht um das Medium selbst und um die »ambient attention«, mit der es uns in der Welt sein lässt.

Sehstörung

Einer von Franz Kafkas seltsamsten Sätzen lautet: »Man photografiert Dinge, um sie aus dem Sinn zu verscheuchen«.[40] Ein Aufbewahrungsmedium als Verdrängungsmittel? Kafka kommentierte, was mit dem Angebot preisgünstiger Kameras seit Ende des 19. Jahrhunderts nicht nur im aufkommenden Tourismus zu beobachten war: die mechanische Reproduktion von Realität ohne deren sinnliche Wahrnehmung. Das Erfahren wird, wie es der italienische Philosoph Giorgio Agamben 1978 formuliert, an die Aufzeichnungsmedien delegiert: »Im Angesicht der größten Wunder der Welt (nehmen wir den patio de los leones in der Alhambra) weigert sich die erdrückende Mehrheit der Menschheit, sie zu erfahren. Sie zieht es vor, dass der Fotoapparat sie erfährt.«[41] Die unerträgliche Leichtigkeit des Fotografierens delegiert das Sehen an die Kamera. Die Ausnahmen bestätigen nur die Regel: Kunststudenten und jene Touristin, die tagelang um die Motive ihrer Fotos schleicht, bis sie schließlich, entschlossen und zielgenau, die zwei, drei Aufnahmen macht, auf die es ankommt.

Das Problem ist älter als der Begriff Selfie. Und natürlich geht es auch um den auratischen Nachweis des Dagewesenseins: Ich und der Eiffelturm, ich und Mona Lisa. Dass dies im 21. Jahrhundert immer noch geschieht, ist so nostalgisch wie Briefe schreiben. Muss man wirklich Bildbeweise erbringen, wenn es GPS-Daten gibt, die den eigenen Standort und alles, was sich darum befindet, identifizieren können? Aber diese Frage verfehlt den eigentlichen Kern des Problems.

Was Kafka und Agamben nicht ahnten: dass eines Tages die digitale Kamera das Fotografieren wahllos und das Smartphone die Kamera allgegenwärtig machen würde. Wenn heute die Kamera im Telefon steckt und dieses zugleich ersetzt, wenn heute die Menschen fotografisch Hallo sagen mit einem Snapchat-Snapshot von dem, was gerade los ist, dann erfüllt sich, wovon beide sprachen, mit ungeahnter Radikalität: Man delegiert das, was einem geschieht, an die Kamera, statt es selbst bewusst zu verarbeiten. Man macht ein Foto, statt nach Worten zu suchen, die das, was man fühlt, beschreiben würden.

Das Gegenargument zu Kafkas Satz stammt von dessen Zeitgenosse Walter Benjamin, der den Erkenntnisgewinn der Fotografie im Optisch-Unbewussten pries: Das ansonsten im Ablauf einer Handlung Verborgene wird sichtbar durch seine Isolierung und Fixierung. Eine Bewegung der Hand, eine Wendung des Kopfes wird plötzlich zum Ausgangspunkt für ein tieferes Verständnis dessen, was eigentlich geschieht. Allerdings setzt dies voraus, dass man sich für die Betrachtung eines Fotos mehr Zeit nimmt als für dessen Produktion. Genau das ist immer weniger der Fall.

Unter den Gesetzen der Aufmerksamkeitsökonomie der sozialen Medien werden Fotos nicht studiert, sondern kurz erfasst, schnell geliked und für immer weggeklickt. Manche erledigen so im Fahrstuhl zehn Bilder zwischen zwei Etagen. Wirkliches Ansehen sieht anders aus und könnte heute vielleicht nur noch durch einen umgekehrten Snapchat-Mechanismus erreicht werden: Statt dass das Foto nur zehn

Sekunden zu sehen ist, müsste man eine ganze Minute warten, bis man zum nächsten scrollen kann. Eine Alternative zu dieser mechanischen Entschleunigung der Rezeption wäre die verbale Transformation ihrer Vorlage: Wenn wieder das eigene Auge spricht, statt das der Kamera, indem das Foto zum Wort wird.

Fototext

»A nun, littering«, »a doghouse with a snarling pitbull inside, beside a children's swingset«, »a woman in fitness workout wear; running shoes, shorts and an active top; standing by herself in a deserted aisle of a flourescent-lit supermarket, her arms crossed in front of her chest, tears smearing her cheeks while she unwaveringly stared at the store's selection of baby diapers«. Solche Texte findet man auf Michael David Murphys Weblog *unphotographable.com* unter der Losung »This is a picture I did not take …«.[42]

Anlass des mediengeschichtlichen ›Rückschritts‹ war eine Reise Murphys ins vorrangig muslimische Äthiopien, wo das Fotografieren von Menschen, und gar Frauen, unerwünscht ist. Zurück kam der Hobbyfotograf mit einer neuen Liebe für die alten Kulturtechniken des Beschreibens, Vorstellens und Phantasierens.

Nichts ist verbürgt mit diesen Texten: nicht die unsaubere Nonne, nicht der knurrende Hund, nicht die weinende Joggerin, die stark an Ernest Hemingways berühmten Sechs-Worte-Roman erinnert: »For sale: baby shoes, never worn«. Aber ob das Präsentierte wirklich (so) gesehen wurde, ist zweitrangig, wenn es darum geht, es zu denken. Die schriftliche ›Kopie‹ eines unterbliebenen Fotos sichert Erlebtes als Erfahrung, weil es durch den Sinn gehen muss. Man kann etwas zeigen (als Foto), ohne es gesehen zu haben (das optisch Unbewusste), aber man kann nicht etwas beschreiben, ohne es gedacht zu haben. Jedes Wort sichert die Herrschaft des Betrachters über seinen Gegenstand, kein Schmetterling kommt hier zufällig ins ›Bild‹. Die verbale Reproduktion der Wirklichkeit bezeugt das Vor-Ort-gewesen-Sein zwar nicht verlässlich, aber in gewisser Weise authentischer als das obligatorische Foto für die soziale Medien.

Alternativen

Soll man also das Foto in sozialen Medien ächten und medienhistorisch wieder zum Beschreiben zurückkehren als ältere Kulturtechnik und Bollwerk gegen die Erblindungsformen der neuen? Vielleicht reicht schon ein jährlicher No Picture Day, vergleichbar dem Buy Nothing Day, den es seit 1992 immer nach Thanksgiving als Protest gegen die Konsumkultur gibt, und dem No Internet Day am ersten Märzfreitag des Jahres. Der No Picture Day wäre der Tag, an dem die Kameras schweigen; kurze Texte statt Fotos, verbale Selbstbeschreibungen statt Selfies: ein Festtag für Deutschlehrer und Bildungspolitiker. Weniger dramatisch fiele die individualisierte Variante aus, wenn dieser Tag für jeden Menschen auf dem eigenen Geburtstag liegt, was sich auf sozialen Netzwerken technisch ja leicht einrichten ließe. Der Geburtstag ist der perfekte Moment für die Besinnung, für den Blick zurück und nach vorn, für ein paar Zeilen der Reflexion, statt der immer wieder gleichen Fotos mit allemal anderen Gesichtern, anderen Torten und einer anderen Anzahl an Kerzen.

Alternativ zum No-Foto-Tag lässt sich das Sehen mit dem Fotografieren auch durch soziale Applikationen versöhnen: indem man dieses an andere delegiert und somit wieder Zeit für jenes hat. Facebook Inc. brachte im Sommer 2015 die *Moments*-App heraus, mit der man von anderen all die Fotos einsammeln kann, auf denen man selbst enthalten und markiert ist. Die plausible Erklärung und Ermahnung: Hört auf, das gleiche Foto zehnmal mit zehn verschiedenen Telefonen zu machen! Dieser Appell ans Kollektivbewusstein enthält zugleich die aktuelle Antwort zu Kafka: Man lässt abwechselnd die anderen den Moment fotografieren und genießt ihn derweil selbst ganz unabgelenkt mit allen Sinnen. Die Rückkehr der Gegenwart im Zeichen ihrer mechanischen Reproduktion plus automatischer Verteilung.

Die Zukunft dieser App ist die Ausweitung auch auf Momente, die man ohne die Freunde erlebt. Wenn eines Tages alles in der Welt mehrfach fotografiert ist und unser Smartphone automatisch, permanent und genauestens unsere aktuellen GPS-Daten registriert, werden auf Facebook jeweils die Fotos erscheinen, die andere von dem, was wir gerade sehen, schon gemacht haben. Kein Zweifel, dass es dann auch eine App geben wird, die in diese Fremd-Fotos unser eigenes Porträt einarbeitet: »der Eiffelturm und ich« als Gemeinschaftswerk.

Dialektik der Partizipation

Das Radio kam zu früh. Die Gesellschaft, die es erfand, war noch gar nicht soweit, wie Bertolt Brecht in einer Rede zur Funktion des Rundfunks 1932 festhielt: »Nicht die Öffentlichkeit hatte auf den Rundfunk gewartet, sondern der Rundfunk wartete auf die Öffentlichkeit.« Statt jedem das Mikrofon in die Hand zu geben und so die Gesellschaft miteinander ins Gespräch zu bringen, imitierte man im Radio die alten Medien Theater und Presse und sprach von der ›Bühne‹ des Äthers zur Masse. Die Aufgabe, sich vom reinen »Distributionsapparat« zum »Kommunikationsapparat des öffentlichen Lebens« zu entwickeln, sah Brecht zwar als »undurchführbar in dieser Gesellschaftsordnung«, aber als durchführbar in einer anderen, die es zu propagieren galt.

Ein Medium als Anlass gesellschaftlicher Umwälzung? So ungehört ist die Vorstellung nicht, wenn man die gesellschaftlichen Folgen des Buchdrucks bedenkt. Aber es sollte noch bis zum Ende des 20. Jahrhunderts dauern, ehe das Mikrofon bei jedermann ankam – wenn man von den gelegentlichen Zuhöreranrufen beim Radio absieht und vom Tonbandgerät als Distributionsmedium ›von unten‹, auf das manch einer in den 1960er Jahren soviel Hoffnung setzte.[43] Erst mit dem Internet und so richtig erst mit den sozialen Netzwerken des Web 2.0 war ein Mehrwegmedium zur Hand, das jedem Empfänger erlaubte, auch Sender zu sein. Ist damit die Öffentlichkeit entstanden, auf die der Rundfunk bei Brecht gewartet hatte?

Diskurskultur

Diesmal kam das Medium zu spät, obgleich man zunächst dachte, es komme gerade zur rechten Zeit. Der historische Zufall, dass das Sterbejahr des sozialistischen Gesellschaftssystems zugleich das Geburtsjahr des WWW (als dem gesellschaftsfähigen Teil des Internet) war, schien dafür zu sprechen, künftig alle sozialutopischen Ambitionen in den Bereich der neuen Medien zu verschieben. So überraschte nicht, dass bald die Unabhängigkeit des Cyberspace gegen die Regierungen der realen Welt erklärt wurde, die allerdings nur so lange anhielt, wie kaum jemand diesen virtuellen Raum besiedeln wollte.[44] Inzwischen werden dort – unter Stichworten wie Big Data, Industrie 4.0 und Internet der Dinge – alle Energien zur Gesellschaftsveränderung produziert und verbraucht.

Für einige Zeit überlebte der Optimismus selbst die Landnahme durch den Kommerz Anfang des neuen Jahrtausends und bei ganz Hartnäckigen hält er sich bis heute. Denn das Internet, wie der Cyberspace nun sachlicher genannt wird, ist ja weiterhin ein frei zugänglicher Ort: Keine Gatekeeper mehr, keine Diskurspolizei, keine Meinungselite, dafür eine erweiterte Form der Öffentlichkeit. Der beliebte Vergleich mit Jürgen Habermas' Studie zum historischen *Strukturwandel des Öffentlichen* hinkte freilich schon deswegen, weil dieser selbst das deliberale System der Demokratie in der asymmetrischen, im Idealfall immer auch reflektierten und multiperspektiven Diskurskultur der traditionellen Massenmedien viel besser aufgehoben sieht als in der symmetrischen und dezentralen des Internet. Denn das Internet befreit die öffentliche Diskussion nicht nur von institutioneller Kontrolle, sondern auch von der zentralen Rolle politischer Themen und schafft ein im doppelten Sinne zerstreutes Publikum: ein Publikum, das sich in kleinste Gruppen aufteilt, die sich kaum noch auf etwas einlassen, das den Fassungsrahmen ihres Smartphones sprengt.[45]

Der »Kommunikationsapparat des öffentlichen Lebens«, von dem sich Brecht und nach ihm viele andere die Emanzipation des Individuums versprachen, unterläuft, das ist die bittere Ironie seines Erfolgs, die Minimalforderung, die Brecht dem Radio stellte: als Ort der politischen Information und Diskussion das kritische Bewusstsein der Gesellschaft zu schärfen. Brechts Kritik am Radio – dass »eine technische Erfindung von so natürlicher Eignung zu entscheidenden gesellschaftlichen Funktionen bei so ängstlicher Bemühung angetroffen wird, in möglichst harmlosen Unterhaltungen *folgenlos* zu bleiben« – gilt auch und noch mehr fürs Internet; trotz Wikileaks, politischer Weblogs und kritischer Kommentare, die sich hier und da wacker am Leben halten.

Kulturindustrie 2.0

Die »Organisation der Ausgeschalteten«, die das Radio den »Mächtigen der Ausschaltung« entgegensetzen sollte, ist in diversen sozialen Netzwerken Realität geworden, nicht aber, um den gesellschaftlichen Status quo in Frage zu stellen, wie Brecht und andere noch hofften. Das 1989 erklärte Ende der Geschichte war auch das Ende für Adornos Perspektive, dass Geschichte – als Aufbruch zu einem emanzipierten, ausbeutungsfreien Leben – noch gar nicht begonnen habe. Vom Verblendungszusammenhang ist seitdem kaum noch die Rede, Amüsement wird nicht länger als Einverständnis mit dem falschen Leben geschmäht und Erziehung zur Mündigkeit heißt nun vor allem Selbstdarstellung und Selfbranding im sozialen Netzwerk.

Der Überlebenstrick der Gesellschaft, die Adorno abschaffen wollte, ist Beteiligung. Es beginnt in ökonomischer Hinsicht, wenn die Bevölkerung zu Kleinstanlegern gemacht wird, und setzt sich medial fort, wenn die Partizipationskultur zum letzten Schrei der Werbeindustrie wird. Corporate Sponsorship ist die große Hoffnung der »Generation Like«, die auf Twitter, YouTube und Instagram alles Mögliche tut, um berühmt zu werden. Gelingt es, ›entdeckt‹ zu werden, trägt man in seinen Skateboard-Videos fortan nur noch Sneakers, T-Shirts und Baseball-Caps einer bestimmten Marke oder fährt in seinem Musik-Clip immer wieder mit einem blauen Ford Fiesta durchs Bild.[46]

So werden Teenager zu Werbepartnern und gelegentlich sogar selbst zu Sponsoren, wenn sie durch Links und gemeinsame Auftritte anderen YouTubern Aufmerksamkeit verschaffen. An dieser Solidarität der einst Ausgeschalteten, und selbst an der Selbstvermarktung, hätte Brecht sicher Gefallen gefunden, und vielleicht auch Adorno, würden die Helden der sozialen Medien ihre Macht als Herr und Königin über Millionen Augen und Ohren schließlich nutzen, um die wirklich wichtigen Botschaften unters Volk zu bringen.

Aber revolutionäre Kuckuckseier sind so selten wie politische Memes beziehungsweise Internet-Hypes. Für die Generation Like heiligt der Zweck auch dann die Mittel, wenn es gar nicht um Freiheit, Gleichheit und Brüderlichkeit geht. Sie besitzt eine erstaunliche Selbstsicherheit beim Selbstvermarkten und rühmt in Siegerpose das gewonnene Interesse von Taco Bell oder McDonalds als Zeichen ihres wachsenden Erfolgs. Der Name dieser Generation meint nicht nur die Likes, auf die sie aus ist, sondern auch das gute Verhältnis, das sie zur Gesellschaft hat. Entsprechend positiv ist ihr Vokabular: »Opportunismus« heißt nun Gelegenheiten ergreifen, »Selling Out«, dass alle Karten eines Event schon verkauft sind.

Das Internet kam zu spät für das, was vielleicht aus ihm hätte werden können. Nachdem das politische System der freien Marktwirtschaft mit seiner handfesten Konsumkultur über alternative Anwärter auf die Zukunft der Menschheit gesiegt hatte, konnte das neue mediale System von den Menschen nicht viel mehr erwarten als das, was sie aus ihm gemacht haben: ein virtuelles Einkaufszentrum, das jederzeit und überall zugänglich ist, nebst einiger Nischen im Namen sozialer Kreativität und politischer Bildung, die sich aber zumeist als Zulieferbetriebe erweisen, von Werbung durchsetzt oder zumindest umzingelt und den Gesetzen der Aufmerksamkeitsökonomie untertan. Schlimmer noch: Das neue Medium zieht die alten mit rein.

Infotainment

Zwar leidet der klassische Journalismus schon lang darunter, dass immer mehr Menschen ihre Informationen aus den sozialen Netzwerken beziehen, aber bislang führten die Links dort immerhin noch aufs eigene Hoheitsgebiet, wo die journalistische Verantwortung Hausrecht hatte bis hin zur verdeckten Alimentierung der weniger populären, aber wirklich wichtigen Beiträge. Mit Facebooks »Instant Article« wird das letzte Gehege des zoon politikon im Namen der Demokratie abgewickelt.

Offiziell geht es wie immer um die Verbesserung der Kommunikation, diesmal der politischen: Die Menschen wollen nicht so lange warten, bis ein News-Artikel geladen ist, weswegen viele davon absehen, überhaupt auf einen Link zu klicken. So beantwortet Mark Zuckerberg in einer hauseigenen virtuellen Pressekonferenz am 1. Juli 2015 die Frage, wie Facebook »good journalism« unterstützen will. Zuckerbergs Lösung ist die Einbettung der Beiträge auf Facebooks Server, so dass sie in weniger als 300 Millisekunden statt wie bisher mehr als 3 Sekunden laden.

Was für viele wie ein Coup aussieht, versteht Zuckerberg also als Teil des Bildungsauftrags: »Wenn die News so schnell sind wie alles andere auf Facebook, werden die Leute naturgemäß viel mehr News lesen. Dies wird dabei helfen, dass die Menschen besser über die Welt informiert sind, und es wird gut sein für das News Ecosystem, da es mehr Verkehr generiert.«[47] Interessanterweise sind unter »news« hier offenbar wieder Nachrichten der »vierten Gewalt« gemeint, nachdem der Begriff 2010 mit Facebooks »News Feed« ja erfolgreich depolitisiert worden war. Aber es gibt keinerlei Grund zur Hoffnung.

Die Begründung des Angebots an den Qualitätsjournalismus ist zugleich dessen Todesurteil. Wieviel Zeit darf ein Artikel zur intellektuellen Verarbeitung beanspruchen, wenn er sich keine drei Sekunden zum Erscheinen nehmen kann? Schnell geladen heißt auch schnell erledigt zwischen all den aufregenden Statusupdates. Die Faustregel der Aufmerksamkeitsökonomie lautet: Je einfacher man etwas liken kann, umso mehr Likes erhält es auch. Der Essay zum Kulturkampf wird es da schwer haben gegen den Augenzeugenbericht zum Doppelmord in der Rue Morgue. Das Urteil fällt begründungslos, denn es materialisiert sich, selbst wenn es verbale Kommentare geben sollte, basisdemokratisch als Zahl – und bei 50 Likes für den Kulturkampf und 500 für den Doppelmord mag es für die Chefredakteurin wichtig sein, dass es gleich zehn begeisterte, sehr eloquent formulierte Kommentare zum Essay gibt, nicht aber für die Shareholder.

Was zynisch klingt, ist für manche willkommene Kritik am bildungsbürgerlichen Establishment. Soziale Netzwerke setzen radikal auf Demoskopie und entmachten konsequent all die Experten, die besser zu wissen glauben, was das Volk eigentlich braucht und mögen soll. Für Zuckerberg beginnt die Erziehung zur Mündigkeit mit der Beseitigung von Wartezeit und endet mit dem diskussionsfreien Plebiszit der Likes. Und weil er den Menschen geben will, was sie wollen, sieht er, in der gleichen Fragestunde, die Zukunft des Journalismus in »rich content« wie Videos (statt »nur Text und Fotos«) und »immersive content like VR«. In Vorbereitung dazu erwarb Facebook 2014 schon mal für 2 Milliarden Dollar die VR-Brille Oculus und erfand 2016 »Facebook Live« als Video-Livestream für jedermann und alles.

Eigentor

Es ist hinlänglich bekannt und wird breit kritisiert: Facebooks Geschäftsmodell zielt darauf, die Nutzer soviel wie möglich im eigenen Einflussbereich zu halten, da dies Daten und Aufmerksamkeit generiert, die sich verkaufen lassen. Berechtigt sind auch die Ängste vor Facebook als Medienmonopolist und Zuckerberg als Großzensor oder die Klage über die finanzielle Abhängigkeit der Medien von Werbeerlösen, die nun viele zu diesem Kuhhandel mit Facebook zwingt. Das eigentliche Problem aber sind weder Zuckerberg noch der Kommerz, sondern das Internet selbst.

Das Internet wäre auch früher nicht zur rechten Zeit gekommen. Seine Dispositive – Hyperreading, Multitasking, Powerbrowsing, Filter Bubble, Instant Gratification, Quantifikation etc. – widersprechen jener Öffentlichkeit, auf die Brecht aus war. Wenn die nächste Ablenkung immer nur einen Klick entfernt ist, schwindet die Geduld für das Anstrengende. Wer da nicht schnelle Antworten auf komplexe Fragen liefert, wird prompt und öffentlich mit Like-Entzug bestraft. Ist das Medium schuld? Ist es der Mensch an sich? Überlagern die anthropologische und technologische Konstellation die politischen und ökonomischen Interessen hinter allem?

Wie auch immer die Antwort ausfällt, wenn künftig die Beiträge der Journalisten eingebettet in Facebooks »News Feed« mit den Videos der Facebook-Freunde (die, anders als die Journalisten, auch die Opfer in ihrer Blutlache zeigen werden) um Likes wetteifern, vollendet sich ein Prozess, der als Hoffnung begann, in unerwarteter Weise: Die »Organisation der Ausgeschalteten« materialisiert sich als eine Kommunikationskultur, in der, so begründete Zuckerberg einst die Einführung des »News Feed«, das sterbende Eichhörnchen vor dem eigenen Haus wichtiger sein kann als Menschen, die in Afrika verhungern.[48] Befreiung schlägt ein weiteres Mal um in Unmündigkeit, nun als Dialektik der Partizipation.

Die Ansätze dieses Umschlagens sahen schon Brechts Zeitgenossen, die in den 1920er

Jahren nicht nur vor der »Radiotitis« warnten, so hieß das zu viele Radiohören, sondern auch vor der »Drehkrankheit«: dem ständigen Wechsel zwischen den Sendern. Der Skalenknopf war der Anfang vom Ende des Radios als Volkshochschule, denn er ermöglichte, immer dahin zu entfliehen, wo es gerade interessanter war. Seine medientechnische Zukunft – die Fernbedienung, die zum Zappen, der Hyperlink, der zum Durchklicken führt – konnte damals keiner ahnen. Die Kritik am Publikum des Radios zeigt aber, dass schon zu Brechts Zeit nicht alle auf die Öffentlichkeit warteten, die der Rundfunk zu erzeugen begann.[49]

Tod der Experten

Die Angst kam früh. Sie war da, als das Internet populär wurde und diejenigen, die dort schon ein und aus gingen, sich fragten, wie diese Wucht an Information von überall und jedem organisiert werden könne. Es gab Linklisten auf Websites und in Zeitschriften, es wurden sogar Broschüren mit Webadressen gedruckt, um ein bisschen Übersicht im Internet zu schaffen. Die Ironie dieser Präsentationsform ist unverkennbar, aber nicht die einzige bei der Sache. Denn diese Linklisten auf Papier oder online waren die Empfehlungen von Experten, von neuen Auskennern, die auf alte Weise das Neue zähmen wollten: mit Urteilsvermögen.

Man kann sich das heute kaum mehr vorstellen, aber Yahoo hatte damals zwei Dutzend Angestellte, die sich jede Webseite genau anschauten. Die Information wurde hierarchisiert nach dem Muster der Offline-Welt. So kam die Website der Messianic Jewish Alliance of America in die Rubrik »Judaism«, die

Teil der Rubrik »Religion« war, die wiederum zur Rubrik »Society and Culture« gehörte. Es war der Versuch, mit dem Klassifizierungsverfahren der alten, analogen Welt die Unübersichtlichkeit der neuen, digitalen zu beantworten. Und es brachte all die Probleme eines solchen Verfahrens mit sich, zum Beispiel den Protest der ›richtigen‹ Juden gegen die Einordnung der Messianic Jewish Alliance of America. Denn diese waren zwar von einer jüdischen Mutter geboren, glaubten aber an Jesus, was sie zu einer häretischen Sekte machte, die in der Rubrik Judentum nichts zu suchen hatte beziehungsweise nicht gefunden werden sollte und jedenfalls von Yahoo keineswegs dort aufgeführt werden durfte.

Dann kam Google und damit das Ende der Hierarchie. Man kramte nicht mehr in Schrank A, Schublade B, Aktenordner C nach etwas, man gab einfach den Suchbegriff ein. Es war die Verabschiedung des ontologischen Ordnungsmodells durch die relationale Datenbank, die der Messianic Jewish Alliance of America sowohl den Metatag »jüdisch« als auch »häretisch« geben und ansonsten das Publikum entscheiden lassen konnte. Es war die Umstellung von der Ordnung der Experten zum Votum der Masse, die durch ihre Links gewissermaßen die Charakterisierung einer Webseite vornahm und deren Popularität und damit Auffindbarkeit bestimmte: Je mehr Leute zu einer Seite verlinkten, so Googles simple, aber milliardenschwere Erfolgsidee, um so bedeutsamer ist sie.

Diese Umstellung von qualitativer zu quantitativer Bewertung basierte auf einer letzten qualitativen Entscheidung: dass Quantität ein verlässlicher Maßstab ist. Zahlen, so die Losung der Zeit, sagen mehr als tausend Worte. Es kam nicht darauf an, was über eine Idee oder Person gedacht wurde, sondern ob sie den Zuspruch der anderen erhält. So wie es bei jeder Abstimmung ist, bei der am Ende die Sieger ausgezählt werden. Ein zutiefst demokratisches Verfahren also. Genau darum geht es: Die Umstellung von Yahoo auf Google war nicht nur ein Machtwechsel im Marktsegment Onlinesuche. Es war auch nicht nur ein technologischer Paradigmenwechsel. Es war eine politische Revolution, die das Urteil des Einzelnen durch die Macht der Masse ersetzte, Expertokratie durch Numerokratie.

Kollektive Intelligenz

Lange bevor der Begriff »Crowdwisdom« populär wurde, gab es den Buchtitel *Kollektive Intelligenz*. Bereits 1994 beschrieb der französische Philosoph Pierre Lévy damit das Internet als Wissensgemeinschaft über alle Ländergrenzen, als »Universalität ohne Totalität«.[50] Antitotalitär ist das Internet, weil die Inhalte nicht mehr ihr Umfeld kontrollieren können, sondern alles mit allem in Verbindung steht und sich in dieser Verbundenheit mit anderen Botschaften, Kommentaren und Bemerkungen bewähren muss. Lévy betrachtete diese Form der erweiterten Diskussion noch als Nachfolger des Projekts Aufklärung. Zumindest wenn es um Wikipedia geht, hat er Recht behalten.

Aber die Masse kann auch weise sein, wenn sie nicht diskutiert, sondern einfach votiert. Das zeigt jener Herbsttag im Jahr 1906, als der britische Wissenschaftler Francis Galton auf einer Agrarmesse 800 Besucher das Gewicht eines Ochsen schätzen ließ. Natürlich gab es viele Fehlannahmen, aber so lange diese in verschiedene Richtungen gehen (mal zu wenig, mal zu viel), gleichen sich die Irrtümer aus und führen schließlich, in der Masse, zu einem Mittelwert, der, wie es an jenem Tag der Fall war, die korrekte Zahl lediglich um ein Pfund verpasst. Es war eine Sternstunde nicht nur der »Weisheit der Vielen«, sondern auch der Demokratie. Denn wie Galton später über dieses Experiment schrieb: Der durchschnittliche Teilnehmer an dieser Schätzung war für diese so gut vorbereitet wie ein durchschnittlicher Wähler für die Beurteilung politischer Belange. Wenn aber die Masse verlässlich das Gewicht eines Ochsen erfasst, so Galtons logische Schlussfolgerung, verdient auch ihr Urteil in demokratischen Entscheidungen Vertrauen.[51]

Damit war Galton 1906 zuversichtlicher als Nicolas de Condorcet mehr als ein Jahrhundert zuvor. Condorcet hatte zwar in seinem Jury-Theorem unterstrichen, dass mit der Größe einer befragten Gruppe die Wahrscheinlichkeit einer richtigen Antwort auf eine Ja-Nein-Frage steigt und die Unvoreingenommenheit von Laien sogar von Vorteil ist, was letztlich auch die Idee des Geschworenengerichts bestimmt. Angesichts mangelnder Aufklärung und Abstimmungskompetenz der Massen zog er dann aber doch der Direktdemokratie die repräsentative vor, mit der die Macht bei jenen bleibt, die durch Reflexion und Diskussion auch wissen, wovon sie reden und was sie bei ihrer Entscheidung zu beachten haben.

Genau diese Voraussetzung der aufgeklärten Abstimmungskompetenz scheint durch das Internet weniger gegeben als zuvor, wenn nun durch den Filter der Algorithmen und eigenen Präferenzen die Welt auf das reduziert werden kann, was einem innerlich nahe liegt. Diese aktuellste Antwort auf die Informationsfülle im Informationszeitalter verfängt den Menschen in der »Ich-Schleife« der Autopropaganda. Das Ergebnis ist, gegen Galton und Condorcet, die *Dummheit* der Vielen: wenn eine Vielzahl an Gleichgesinnten sich gegenseitig bestätigt und antreibt, statt die eigene Ansicht mit einer Vielzahl anderer abzugleichen.[52]

Gatekeeper

Das Internet bedeutet einen Wechsel der Gatekeeper. Während zuvor Experten, Administratoren und das, was Michel Foucault die »Diskurspolizei« nannte, darüber bestimmten, wer was in der Öffentlichkeit kommunizieren kann, braucht man seit dem Internet nicht mehr die Zustimmung eines Lektors, Verlegers oder Veranstalters. Was man nun braucht, ist Aufmerksamkeit, die zuvor zumeist gesichert war, sobald man die Gatekeeper passiert hatte. Dies bedeutet zugleich einen Wechsel der Erfolgsmaßstäbe. Zuvor war man schon erfolgreich, wenn man Zugang zur Öffentlichkeit hatte, hieß dies doch, die Prüfung der Experten bestanden zu haben. Jetzt ist die einzige Prüfung der Zuspruch der Öffentlichkeit. In der Währung sozialer Netwerke geht die Kraft des besseren Arguments von der höheren Zahl an Likes aus; Qualität heißt hier Quantität.

Das Bewertungskriterium der digitalen Meritokratie ist nicht fachspezifisch bestimmt, sondern aufmerksamkeitsökonomisch. Was auch immer man wie gut oder schlecht tut, der Erfolg bemisst sich an Views, Shares, Likes, Followers, Retweets. Wie man von Popularitätslisten à la reddit.com und digg.com weiß, steckt hinter der höchsten Zahl selten der tiefste Inhalt. Das »social bookmarking« (so der Fachbegriff für die Erstellung der Hitlisten durch die Internetnutzer) raubt der Logik der Quote den letzten Anstand, den Redakteure, Intendanten, Verleger und andere traditionelle Gatekeeper noch als Berufsethos spüren mögen. Die beschworene Weisheit der Masse verkommt so zur Macht der Vielen, die Berichte über Kim Kardashian oder niedliche Hunde an die Spitze des »must read/see« treiben. Aber das ist nicht das einzige Problem des Gatekeeperwechsels. Die Paradoxie besteht darin, dass Messbarkeit nicht vor Fälschung schützt.

Dies ist dann der Fall, wenn unsichtbare Editoren in den Hinterzimmern der entsprechenden Plattformen das Ergebnis des »social bookmarking« ›korrigieren‹. Solch heimliche Rückkehr des Experten erregte im Mai 2016 als Meldung über Manipulationen von Facebooks statistischen Trend-Meldungen zu Recht großes Aufsehen. Denn es bedeutet, das alte Prinzip im Gewand des neuen zu betreiben, nun aber ohne die Regeln und Qualifikationsnachweise, die das alte System mit sich brachte. Die Diskurspolizei wird gewissermaßen privatisiert und untersteht als geheime Eingreiftruppe nur noch dem Plattformbesitzer: das Gewaltmonopol des Staates geht über an den Chef von Facebook.

Wird in diesem Falle die Statistik durch nachträgliche menschliche Eingriffe manipuliert, so wird sie zuvor allerdings schon durch die technische Disposition der Datenquelle verfälscht. Bei der knappen Zeit, die jungen Menschen heute im rasanten Kommunikationskarussell bleibt, liken sie oft einen Videobericht oder Zeitungsartikel, der schon viele Likes hat. Manche schauen noch kurz ins Video oder den Artikel, um sich abzusichern. Aber die meisten verlassen sich unbesehen darauf, dass Quantität Qualität bedeutet. Likes hecken Likes, wie Karl Marx gesagt hätte, wäre sein *Kapital* unter dem Eindruck der Aufmerksamkeitsökonomie entstanden.

Numerokratie

Das Phänomen ist älter als das Internet. Quantifizierung ist das Zauberwort in jeder Verwaltung und hat schon immer die Experten entbehrlich gemacht. Im Zeichen der Zahl können auch Ahnungslose Entscheidungen treffen, denn dass 5 größer ist als 4, weiß schließlich selbst ein Kind. Dass der Logik der Quote schon gewichtige politische Diskussionsrunden zugunsten unterhaltsamer Talkshows zum Opfer gefallen sind, ist ebenso bekannt wie der Umstand, dass Politiker ihre Aussagen auf Umfrageergebnisse ausrichten. Die zahlenmäßige Überlegenheit gab der Masse schon lange Dominanz auch über die alten Gatekeeper. Aber diese Feedbackschleife ist nicht der einzige Aspekt und gewiss nicht der absurdeste des Modells Numerokratie.

Messbarkeit ist auch die Basis der Qualitätskontrolle in den Universitäten geworden. Dazu wurden standardisierte Tests und Zensurendurchschnittsberechnungen für die Studenten eingeführt, Einkommenstabellen für die Absolventen, Zitationsdatenbanken, Impaktfaktoren und Unterrichtsbewertungsskalen für die Wissenschaftler sowie Relevanzlisten für die Universitäten. Der Scoring- und Ranking-Wahn zielt auf Rechenschaft durch Rechnen und erlaubt schließlich selbst frischgebackenen Sekretärinnen, Aussagen über die Reputation und den beruflichen Erfolg altgedienter Professoren am Department zu machen. Mit der Digitalisierung der Gesellschaft und dem Kult des Interaktionsparadigmas weitet sich dieses Rechenschaftsmodell nun in alle möglichen Bereiche aus. Selbst die Kunstbetrachtung bleibt davon nicht mehr verschont.

Ende 2014 veröffentlichte das *Wall Street Journal* einen Artikel unter dem Titel »When the Art Is Watching You«. Das Titelbild zeigte Torso-Skulpturen, auf denen Kameras als Köpfe montiert waren.[53] Ein deutscher Literaturwissenschaftler denkt da natürlich an Rainer Maria Rilkes berühmtes Gedicht *Archaischer Torso Apollos* (1908) über die Künstler, die erwartungsvoll aus ihrem Werk (hier eine kopflose Statue) auf die Betrachter schauen. Die berühmten Schlussverse haben bei Generationen von LiteraturstudentInnen für Gänsehaut gesorgt: »Da ist keine Stelle, die dich nicht sieht. / Du musst Dein Leben ändern.« Aber um Rilkes Gedicht geht es in dem Artikel nicht, oder nur insofern als das moderne, technische Auge dessen Aussage völlig ins Gegenteil verkehrt.

Es ist nicht Kunst, die das Publikum hier beobachtet, sondern die Kunstvermittler, genauer Daten-Analysten, um das Verhalten des

Publikums auszuwerten: Wie oft kommen sie ins Museum, zu welchen Ausstellungen, vor welchem Kunstwerk bleiben sie wie lange stehen, was kaufen sie im Museumsshop? Die Informatiker erklären dann vor Diagrammen und Tabellen den Kuratorinnen und Kunstpädagogen, welche Themen hohe Besucherzahlen versprechen. So regiert schließlich auch hier die Quote zugunsten der Ökonomie. Die Frage lautet nicht mehr »Was ist kunsthistorisch bedeutsam?«, sondern: »Was ist trendy?« Tod des Experten im Zentrum der Hochkultur.

Ästhetik der Expertenlosigkeit

Wie so oft: Was mit dem Internet zu einem gesellschaftlichen Problem wurde, hat seinen Anfang in der Kunst. So ist der gläserne Mensch eigentlich eine Idee der Avantgarde, gedacht als Attacke auf die bürgerliche Kultur, was noch für Projekte der Selbstüberwachung in den Pioniertagen des Internet galt. Auch der Tod des Experten wurde in der Kunst ausgerufen, als Tod des Künstlers, den einige Künstler in den 1960er Jahren zu fordern begannen. Diese Selbstmordtheoretiker forderten, das Publikum stärker in den *Produktions*prozess der Kunst einzubeziehen, und propagierten einen entsprechenden Machtverzicht der Künstler.[54]

Ein Einsatzgebiet für diesen Machtwechsel waren interaktive Installationen, die auf das Verhalten des Publikums reagierten, also, wie es vollmundig hieß, erst durch dieses ›vollendet‹ wurden. Ein anderes ist die Partizipationskunst mit Schwerpunkt kultureller Aktivismus, die seit Ende des 20. Jahrhunderts auf die Schaffung offener sozialer Situationen zielt. Die Grundsätze dieser Kunstform sind Dialog und Respekt, eine mitfühlende Identifikation mit dem anderen, statt des ›arroganten‹ Appells, sein Leben zu ändern. Nicht mehr der Schock, mit dem die Dadaisten und viele andere Künstler das Publikum vor den Kopf stoßen, sondern ein Gruppenkuscheln mit Künstler. Ein Kuscheln, das auch die Kunstkritiker einbezieht, denn wenn es gilt, die Kunst von ästhetischen oder pädagogischen Zielvorgaben durch ›besserwisserische‹ Künstler zu befreien, gibt es kaum noch Bewertungsmaßstäbe. Das Gelingen drückt sich dann eher darin aus, dass viele mitmachen, was die Kunst schließlich selbst von innen numerokratisch ausrichtet.[55]

Der Tod des Experten erfolgt letztendlich auf Kosten derer, auf deren Rechnung er geht. Das wird zuallererst im Bereich der Kunst deutlich, die dem Publikum dient, indem sie anstrengt, verunsichert, fordert und somit die Betrachter über sich hinaustreibt – so übersetzte Adorno später Rilkes Vers ins Philosophische. Ist die Kunst aber dem Menschen zu Willen, betrügt sie ihn darum, mehr werden zu können, als er schon ist. Diesen Betrug sah Adorno in der Kulturindustrie; er ist nun die unvermeidbare Nebenwirkung zum Tod der Experten, der zum Großteil eine Folge des Internet ist.

Wenn man nicht mehr mit Erfahrung traktiert wird, die einen herausfordert, wann immer die Option besteht, das zu wählen, was schon jetzt Spaß macht, wird man nie erfahren, wie viel Freude es bereiten kann, komplexe Gedanken nachvollziehen und gar selbst produzieren zu können. Die Endorphine sind, wie beim Sport, nicht ohne Anstrengung und Ausdauer zu haben. Aber dies sind aussterbende Tugenden in einer Kultur der Sofortbefriedigung. Wer geduldet sich noch, wenn etwas nicht gleich verständlich ist? Wer vermutet in solchem Falle noch das Problem bei sich? Mit den Experten ist man auch den *Anspruch* los, mit dem diese der Menge begegnen. Kein ›Aufpasser‹ mehr, der zum Durchhalten oder Kurswechsel ermahnt: Verweichlichung getarnt als Demokratie.

Shitstorm

Der Shitstorm avant la lettre war buchstäblich, denn auf die Köpfe der am mittelalterlichen Pranger dem Hohn der Dorf- und Stadtgemeinde ausgesetzten Delinquenten ließen empörte Mitbürger nicht selten Kleinkinder ihren Unrat entrichten. Als der Begriff dann erfunden war (1948 in Norman Mailers Soldatenroman *The Naked and the Dead*), hatte er so wenig mit seinem anrüchigen Bezugswort zu tun wie der Ausdruck »when the shit hits the fan«. Gemeint war vielmehr eine lebensgefährliche Gefechtssituation oder allgemein eine brenzlige Lage.

In seiner aktuellen Verwendung als Phänomen des Internet verzichtet der Begriff auf jede kakophemische Implikation selbst noch in metaphorischer Hinsicht. Er steht semantisch dem »Proteststurm« viel näher als seinem Wortverwandten »Schmutzkampagne« und diskreditiert keineswegs per se die Akteure des Sturms, noch gewährt er dessen Zielscheibe automatisch den Opferstatus. Denn ein Shitstorm ist, so die Definition deutscher Sprachwissenschaftler im Jahre 2011, zunächst nicht mehr als eine »unvorhergesehene, anhaltende, über soziale Netzwerke und Blogs transportierte Welle der Entrüstung über das Verhalten öffentlicher Personen oder Institutionen«.[56]

Zu den Sonderlichkeiten des Begriffs gehört, dass er 2011 zum Anglizismus des Jahres gewählt wurde, in der englischen Sprache aber gar nicht für das etabliert ist, was er im Deutschen bezeichnet. Das vermeintliche Lehnwort ist ein deutscher Neologismus in englischer Verkleidung. Ebenso erstaunlich ist, dass ein so hartes Wort für eine ursprünglich so gute Sache benutzt wird. Denn die Entrüstung ist ja oft die berechtigte Folge eines Fehlverhaltens der Mächtigen, die sich anders nicht erziehen lassen.

Die Macht der Kunden

Zum Beispiel Vodafone. Am 25. Juli 2012 beklagt Corinna Julius (auf der Facebook-Seite von Vodafone) unter der Überschrift »Sobald meine Verträge auslaufen, wird alles gekündigt!!!« eine zu hohe Abbuchung für ihre Smartphoneverträge und einen miserablen

Kundendienst. Als Vodafone, statt die erbetene Auflistung der Einzelverbindungen zu schicken, Corinna mit einem Erlass von 250 Euro »entgegenkommen will«, findet diese den Umgang Vodafones mit ihren Kunden eine »Sauerei«: »HALLO?! Gehts noch? Ich zahl doch keinen Restbetrag für etwas, das noch nicht mal auf meinem Mist gewachsen ist!!«[57]

Was Corinna bemängelt, ist keine Einzelerfahrung, wie die vielen Kommentare zeigen, die alsbald auf Vodafones Facebook-Seite eingehen. Beschwerde plus kollektive Erfahrung sind das Biotop des Shitstorms. Vodafone reagiert schnell, aber falsch, als es Corinna auf ein Kontaktformular verweist. Ein Kommentator schreibt dazu am 31. Juli: »dass die es immer noch nicht kapiert haben, dass man in so einem fall keine standardfloskeln hören möchte. und dann zeigen sies noch der ganzen welt wie ihr solche anliegen am arsch vorbei gehen. super vodafone! ganz große klasse!« Der Kommentar trägt die Überschrift »Shitstorming!«, was da schon keine Losung mehr ist, sondern ein jubelnder Befund. Denn inzwischen hatte Corinnas Post rund 6000 Kommentare und 60 000 Likes: das Dreifache dessen, was bei einem Shitstorm als kritische Masse gilt.

So nicht!, sagt die Web 2.0-Welt: Nicht mit uns! Was früher als Frustration isoliert im

Bauch von Tausenden von Betroffenen blieb, findet nun aus Anlass eines einzigen Aufschreis zusammen. Corinna hatte das keineswegs beabsichtigt und unternimmt auch nichts, um die Empörung weiter anzuheizen. Aber die Sache liegt ohnehin nicht mehr in ihrer Hand. Die Masse, die jedes Großunternehmen als Kunden haben will, ist zugleich sein größter Risikofaktor, seit Online-Netzwerke und Kunden-Websites den Einzelnen Verständigungsmittel und Versammlungsort geben. Wer da nicht in den Kundendienst investiert, zumal auf der eigenen Website, wird bald schmerzhaft einsehen müssen, dass social media nicht nur für viral marketing gut ist.

Sippenhaft

Aber nicht immer kann man selbst etwas dafür. Zum Beispiel Adidas: Am 3. November 2011 berichtet die ARD-Sendung *Brisant* über die Tötung streunender Hunde in der Ukraine, die dort die Fußball-Europameisterschaft 2012 stören könnten. *Brisant* wendet sich damit freilich weniger an die ukrainischen Kommunen als den europäischen Fußballverband: »Tote Hunde für König Fußball, das ist gar keine gute Werbung.«[58] Das Video der Sendung auf

YouTube wird binnen zweier Tage fast 150 000 Mal angeschaut. »EM 2012 auf blutigem Rasen« – dieser Satz mit historischer Anspielungskraft stand ganz oben auf dem Weblog *www.em-2012-ohne-tiermassaker.de* der Berlinerin Julia Akra, der am 9. November ans Netz ging. Einen Tag später gründete der Österreicher Michael Hillinger die Facebookgruppe *Stop Killing Dogs-Euro 2012 in Ukraine*. Jetzt brauchte es nur noch neue Brandwörter.

Am 20. November hat Michaels Facebookgruppe 30 000 Fans (Ende des Monats sind es 80 000) und Julia schreibt, wieder ohne Scheu vor historischen Vergleichen: »Es geht los: Copy/Paste gegen den Hunde-Holocaust«. Dann folgt eine Liste mit Facebook-Seiten von EM-Sponsoren, an die man seinen Protest richten kann. Die Dramatisierung (blutiger Rasen, Holocaust) geht einher mit der Neuadressierung des Protests, die schon von der *Brisant*-Redaktion suggeriert worden war. Man richtet sich nicht mehr als Bürger Deutschlands oder Österreichs an die ukrainische Regierung, die, wie der Fall Timoschenko zeigte, internationalem Protest wenig Gehör schenkt. Man richtet sich auch nicht an die UEFA, die als Ausrichter der EM am ehesten politisch wirksam werden könnte. Nein, man wendet sich als Konsument an internationale Unternehmen, deren Zuständigkeit zwar fraglich ist, deren Interesse am guten Namen ihrer Welt-Marke aber außer Zweifel steht.

So kommt auch Adidas, als einer der EM-Sponsoren, ins Visier. »Liebe Sponsoren der Fußball EM«, schreibt ein Shitstürmer, »wisst ihr, wer ich bin? Ich bin ein KONSUMENT … in der Ukraine kann ich nichts ändern. Aber ich verspreche euch Sponsoren etwas: Ich werde darauf verzichten, die EM im Fernsehen zu verfolgen. Ich verzichte auf neue Jogging-Schuhe von ADIDAS …«[59] Adidas betrachtet viele der wütenden Kommentare auf der eigenen Website als Spam und begeht den Fehler, sie zu löschen. Immerhin: Adidas tötet doch keine Hunde! Und wenn Hundefänger Adidas tragen, ist das doch nicht Adidas anzulasten! Diese Löschaktion ist Öl im Feuer des Shitstorms, denn für Social-Media-Aktivisten ist das nichts anderes als brutale Zensur. Ab sofort geht es nicht nur um das Leben der Hunde, sondern auch um den Stolz der Netzgemeinde. »Shitstorm over Bloodstorm: The Power of Facebook« heißt am nächsten Tag (21. November) Julias Blogpost gegen den »Online-Radiergummi«, mit dem Adidas »seine Facebook-Pinnwand wie seine Weste weiß zu halten« versucht. Aber: »Blut lässt sich schwer auswaschen – online wie offline.«[60]

Die ukrainischen Straßenhunde werden Adidas immer gefährlicher. Man reagiert erst nach zwei Tagen und ohne klare Zusage: »Die Adidas-Gruppe ist strikt gegen jegliche Form von Tierquälerei und erwartet von der ukrainischen Regierung, diesen Vorwürfen gewissenhaft nachzugehen und entsprechende Maßnahmen zu ergreifen. Wir beobachten dieses Thema ganz genau und werden das auch weiterhin tun.«[61] Eine generelle Stellungnahme gegen das Hundetöten reicht freilich nicht mehr, wenn der Shitstorm schon begonnen hat. Gut für Adidas, dass man bereits am nächsten Tag verkünden kann: »Die UEFA war in stetigem Kontakt mit den ukrainischen Behörden, die nun versprochen haben, die Tötung von Hunden sofort zu stoppen und gesetzlich zu verbieten. Wir hoffen auf eine sofortige und erfolgreiche Umsetzung!«

Damit ist auch die Forderung, sich als EM-Sponsor zurückzuziehen, hinfällig. Der Shitstorm kühlt ab, nachdem er einiges bewegt hat: Das Thema war auf den ersten Seiten großer deutscher Zeitungen und bei Spiegel-Online zwei Tage lang Top-Meldung; viele Nationalspieler unterstützten die Aktion; Nina Hagen sagte ein Konzert in der Ukraine ab.[62] Unerreicht bleibt der Boykott von Adidasprodukten, der ins Gespräch kam, als sich die Diskussion von den ukrainischen Hunden auf die asiatischen Kinder verlagerte, die für Adidas arbeiten. Mit dieser thematischen Verschiebung von dem einen »Dreck am Stecken« zum anderen versuchten die politisch Interessierten unter den Shitstürmern, aus Tierfreunden Klassenkämpfer zu machen. Ohne Erfolg, wie sich bald zeigt.

Shitstürmer

Der Shitstorm lebt zum einen von der Meinungsfreudigkeit des Web 2.0, zum anderen von der Kommunikationslogik der neuen Medien. Die Website mit den Namen der Mitschuldigen und ihren Adressen für Protestmails, die Leichtigkeit des Copy & Paste, die Links zu den Zentren des Sturms und den bewährten Mitteln mobilisierender Emotionalisierung (Videos von Hundemassengräbern und vergifteten Hunden im Todeskampf), die Suchmaschine, die im Netz sekundenschnell neue Nahrung für den Shitstorm findet, das Smartphone, das den Sturm mobil und pausenlos macht – all dies führt dazu, dass in der Hauptphase eines Shitstorms durchschnittlich jede Minute 7 Likes und 0,7 Kommentare hinzukommen, womit eine Flut an Meldungen entsteht, die sich im Moment des Geschehens kaum erfassen lässt. Es ist nicht zuletzt diese kommunikative Überforderung, auf der der Shitstorm gedeiht.

Wer will zum Beispiel all die 6000 Kommentare lesen, die der Vodafone-Shitstorm binnen 5 Tagen produzierte? Das konnte nicht einmal Corinna, und so entging ihr zunächst Vodafones Antwort, die innerhalb einer Stunde vorlag – und in den anderen 670 Kommentaren unterging, die Corinna in der ersten Stunde erhielt. Und weil Vodafone Corinna und den anderen Kommentatoren scheinbar noch immer eine Reaktion schuldig war, schossen diese sich umso mehr auf die Telefongesellschaft ein. So wird Vodafone ironischerweise das zum Verhängnis, wofür es wirklich nichts kann: die Kommunikationsbedingungen des Konkurrenzmediums, in dem schneller geschrieben wird als gelesen.

Der Shitstorm lebt von den raschen Likes und zuspitzenden Kommentaren, wobei diese in drei Gruppen zerfallen: Die Mitläufer, die Gutmenschen und die Trolle. Die Mitläufer geben mit Zustimmungskommentaren aus ein oder zwei Worten dem Gesagten das nötige Gewicht, ohne ihm Neues hinzuzufügen. Die Gutmenschen sind die Missionare der neuen Medien, die mit allen Mitteln die Kultur der

Transparenz durchsetzen wollen, die sie selbst täglich auf Facebook & Co leben. Sie erwarten Aufklärung von jedem über alles und reagieren äußerst gereizt auf altertümliche Ansprüche wie: »Das geht dich nichts an.« Betriebsgeheimnisse sind keine Option mehr im Web 2.0, auch nicht für Privatpersonen.

Die Trolle sind jene, die provokante und beleidigende Kommentare senden, statt sich mit sachbezogenen Argumenten aufzuhalten. Sie dienen, auch wenn es ihnen nicht um Wahrheit oder Gerechtigkeit geht, der Entwicklung des Shitstorms, der ohne ihre Beiträge schnell an seiner Redundanz zugrunde ginge. Provozierende Kommentare aber rütteln wach, schrecken auf, erfordern weitere Reaktionen – von den Gutmenschen und anderen Trollen. Das hält die Kommunikation am Leben und erhöht die Zahl der Likes und Posts, bis der Sturm es in die klassischen Medien schafft, seinem geheimen Ziel. Die Trolle sind gewissermaßen die autopoetische List des Shitstorm-Systems: die unterhaltende Antwort auf die Gefahr der Informationsentwertung. Sie sind für den Sturm die gute Seele wider Willen, denn im Grunde geht es ihnen nur um Spaß – und darum, die eroberte Aufmerksamkeit auf der eigenen Website in Blickkontakte mit Googles AdSense-Werbung umzumünzen.

Flashmob-Politik und APO

Die Sippenhaft, die Adidas als Sponsor einer Veranstaltung, deren Kontrakter Hunde töten, traf, mag unfair wirken, ist dies aber nur auf den ersten Blick. Betrachtet man die Konstellation genauer, erweist sich dieses Verfahren der Protestumlenkung als die logische Konsequenz der »postdemokratischen Verschwörung«, die seit Ende des 20. Jahrhunderts die politische Macht zunehmend von den demokratisch legitimierten Macht-Instanzen zu den ökonomischen Eliten verschiebt.[63] Der Shitstorm ist gewissermaßen die Antwort des Internet auf die neoliberale Erpressung des Staates durch global operierende Großunternehmen, die sich öffentlich als bloße wirtschaftliche Einheiten ausgeben, insgeheim aber längst als politische Entscheidungsträger agieren. Man kann, das zeigte im Kontext der Panama Papers die Diskussion zu Steuerflucht, keinen Sumpf austrocknen, wenn die Frösche im Planungsstab sitzen. Der Shitstorm ist Ausdruck der Macht des Volkes im Zeitalter seiner digitalen Versammlungsfähigkeit: fünfte Gewalt, die kein »too big to fail« kennt.

Die Infrastruktur der neuen Protestkultur schaffen die Angegriffenen selbst, wenn sie mit ihrem Social-Media-Auftritt eine Anlaufstelle für den Unmut bereitstellen. Die Proteste des 21. Jahrhunderts ereignen sich zwar ›nur‹ im Cyberspace statt auf der Straße, dafür finden sie aber zielgenau auf dem virtuellen ›Werksgelände‹ des Gegners statt. Dort mobilisiert sich die neue außerparlamentarische Opposition als Flashmob und überrennt jene, die sich als Kunde und Fan auf der Website eines Unternehmens tummeln. Der Shitstorm ist die Straßenschlacht des Internet-Zeitalters: ohne Steinwurf, Schlagstock und Körperverletzung. Es ist die Protestform der Slacktivisten, die allerdings mehr Bürgerbeteiligung bietet als Online-Petitionen und Like-Bekundungen; eine Art Happening oder Public-Viewing, dessen Dauer und Ausgang das Publikum selbst bestimmt.

Der Shitstorm symbolisiert die Demokratisierung der Kommunikation im Web 2.0 in ihrer problematischsten Weise. So basisdemokratisch und standpunktfreudig diese Protestform auch sein mag, ihre Willensbildung ist nicht durch Argumentation bestimmt, sondern durch Emotionalisierung und Dramatisierung. Es ist der Bauch des Shitstürmers, der hier zur kommunikativen Gewalt wird. Dieser Bauch steht der diskursiven Meinungsbildung ebenso im Wege wie die Inszenierung und Personalisierung von Politik in der Erlebnisgesellschaft. Die APO des 21. Jahrhunderts ist nicht besser als dessen gewählte Parlamentarier.

Die Lust der Masse

Der Shitstorm ist mehr als die letzte Form des Protests, die der Masse gegen die herrschenden Eliten geblieben ist. Er ist zugleich Ausdruck der Massengesellschaft im Zeitalter des Internet. Für die meisten Shitstürmer ist der eigentliche Grund des Engagements gar nicht politisch, sondern psychologisch, denn es verspricht – als eine Art Selbst-Lobbyismus des kleinen Mannes – das wenn auch kurze und vermittelte, so doch intensiv auflodernde Gefühl der Geborgenheit.

Die Berührungsangst des modernen Individuums gegenüber anderen Menschen kann – so die psychologische Pointe von Elias Canettis *Masse und Macht* (1960) – nur in Momenten der Verbrüderung mit dem ›Feind‹ überwunden werden: in der rauschhaften und differenzlosen Umarmung des anderen in seiner Vielzahl. In diesem Rausch flammt das Gemeinschaftsgefühl kurzzeitig wieder auf, das der moderne Mensch längst verloren hat – sofern er nicht in einer nationalistischen Diktatur lebt. Dieses Gemeinschaftsgefühl ist zwar strukturlos, weil man – so die Hauptthese in David Riesmans Studie *Die einsame Masse* (1950) – seinen ›umarmten‹ Zeitgenossen gar nicht kennt. Aber gerade darin liegt die romantische Verklärung der Rundumverbrüderung: Sie überwindet alle sozialen, politischen, kulturellen und religiösen Differenzen, die ansonsten die Gesellschaft trennen, indem sie all das ignoriert, was den Einzelnen zu mehr macht als einen beliebigen Vertreter der Spezies Mensch. Das Individuelle wird insofern Teil der rauschhaften ›Fremdumarmung‹, als diese sich aus der Abgrenzung zu einem Fremden-Rest ergibt. Beispiele dafür sind mit steigender Intensität die Loveparade, der Hadsch und das Pfingstfest sowie politische Kundgebungen, Pogrome, Genozide und andere fremdenfeindliche Ausschreitungen.

Die Shitstormgemeinschaft steht der Ausschreitung näher als der Kundgebung, indem sie geteilte Ansichten ohne richtige Diskussion und ohne wirkliche Abstimmung zu ihrer Handlungsgrundlage macht. Sie ist – wie die Occupy-Bewegung und viele andere politische Proteste heutzutage – horizontal organisiert: statt charismatischer Sprecher und klarer Führung eine Menge fleißiger Blogger und provozierender Trolle. Man kann diese Lynchjustiz-Gemeinschaft mit Canetti als »Hetzmasse«

bezeichnen, die sich wiederum als die moderne Variante der früheren »Jagdmeute« verstehen lässt: Man versammelt sich, um gemeinsam ein großes Tier zu erlegen.

Allerdings ist das Ziel der Jagd nun nicht mehr die Tilgung des Hungers, sondern die Erfahrung des Überlebens, die sich am intensivsten eben im Todeskampf anderer einstellt, wie Lukrez vor mehr als zweitausend Jahren festhielt: »Süß ist's, anderer Not bei tobendem Kampfe der Winde / Auf hochwogigem Meer vom fernen Ufer zu schauen«. Im Shitstorm wird dieser »Schiffbruch mit Zuschauer«[64] zu einem Ergebnis gezielter Aktion, werden die einstigen Zeugen des Unglücks dessen Ursache. Damit resultiert das eigene Machtgefühl nicht mehr aus der erschauten Ohnmacht der anderen gegenüber den Naturgewalten, sondern daraus, selbst die Position jener Gewalten einzunehmen. Insofern dieses Machtgefühl das eigene Leiden am Leben überwindet, ist die Hetzmasse – oder Jagdmeute – letztlich auch eine Art Selbsthilfegruppe. Eine Selbsthilfegruppe freilich, die unter den Bedingungen digitaler Medien operiert: Man bleibt anonym, trifft sich nur temporär und umarmt sich mit dem entsprechenden Sicherheitsabstand des digitalen Interface.

Shitstormershitstorm

Die psychoanalytische Deutung des Shitstorms erklärt, warum dieser sich oft auch auf Einzelpersonen ohne den politischen Symbolwert der Weltverbesserung richtet: gegen Frauen, die mit den falschen Männern flirten, gegen Professoren, die in der Vorlesung ein falsches Wort sagen, gegen alle möglichen Formen vermeintlichen sozialen Fehlverhaltens und politischer Inkorrektheit. Der Shitstorm erfolgt dann oft im Gewand des »guten Bürgers«, der Delinquenten ohne Gnade und Selbstzweifel an den Pranger stellt und dazu auch gern mal die persönlichen Daten der Delinquenten (Adresse, Zensurendurchschnitt, Foto, Fotos der Freunde etc.) hackt und veröffentlicht – ein Verfahren, das das soziale Netzwerk *Hong Kong Golden* (das als Gruppe autistischer Nerds selbst nicht frei von Angriffen ist) selbstgerecht »exposure culture« nennt.[65]

Solche Shitstorms verdienen oft selbst einen Shitstorm, weil sie ein wichtiges Instrument des politischen Widerstandes für persönliche Rechthabereien und egoistische Machtgefühle missbrauchen und langfristig zu einer Kultur der Selbstzensur führen, die jenseits des politisch Korrekten liegt – ganz zu schweigen von den Petersburger Troll-Fabriken, die arme Studenten für Geld (und oft gegen die eigene Überzeugung) als ›aufgeregte Bürger‹ im Netz auf Regimegegner und Bürgerrechtler hetzen.[66]

Diesen Shitstorm für Shitstormer findet man 2016 in Episode sechs der dritten Staffel von *Black Mirror*: »Hated in the Nation«. Die Geschichte spielt in nicht zu ferner Zukunft, wenn einerseits kritische Journalisten und ruppige Rapper im Internet unter dem Hashtag #DeathTo beschimpft werden und andererseits Millionen von Autonomous Drone Insects (ADI) die Bestäubungsarbeit der ausgestorbenen Bienen übernommen haben. Die ADIs sind wichtig für die Handlung, weil sie zum einen, wie alle künstliche Intelligenz, gehackt werden können und zum anderen, wie zu erwarten war, vom staatlichen Geheimdienst zugleich als Überwachungskameras mit Gesichtserkennungssoftware benutzt werden. Das macht sie zu Drohnen, die der Hacker zielsicher und unentrinnbar denen auf den Leib schicken kann, die auf der #DeathTo-Liste ganz oben stehen. Der Todes-Hashtag erweist sich schließlich sogar als Gesellschaftsspiel, das den Wutbürgern erlaubt, die Lieblingsquelle ihres Widerspruchs durch entsprechende Posts auf den ersten Platz zu bringen: ein »Spiel mit Konsequenzen«, wie es lapidar heißt, denn jeden Tag pünktlich um 17 Uhr bohrt sich beim ›Sieger‹ durch Nase oder Ohr eine ADI ins Hirn. Ein Spiel mit tödlicheren Konsequenzen als gedacht, wie sich herausstellt. Die drei Opfer des Shitstorms waren nur die Köder für die Bestrafung der Hetzmasse, deren Namen und Fotos schließlich in den gehackten Zentralcomputer der ADIs geladen werden. Den programmierten Todesbringern lässt sich, wie der Film mit einem Finale à la Hitchcocks *Vögel* zeigt, nicht entgehen: 387,036 Shitstormer sterben an einer ADI-Intrusion; ein gnadenloses Urteil für eine Jagdmeute, die gnadenlos gefühlsfrei (oder gedankenlos) andere an den Pranger stellt.

Shitstormbörse

Die zunehmende Vergeudung des rechtschaffenden Shitstorms als Cyberbulling ließe sich auch weniger blutig verhindern: durch eine Shitstormbörse, vergleichbar der Internetplattform Kickstarter.com. So wie dort Initiatoren für ihre Projekte um Crowdfunding werben, so könnte man auf dieser Shitstormbörse Shitstormprojekte vorschlagen, mit dem Unterschied, dass es nicht um finanzielle, sondern argumentative Absicherung ginge. Ziel wäre eine sachliche, öffentliche Diskussion dazu, welcher Shitstorm warum und mit welchem Ziel durchgeführt werden sollte. Diese Diskussion würde nach einer vorher festgelegten Frist mit einer Abstimmung enden. Ergibt sich dabei eine Mehrheit – besser: Zweidrittelmehrheit – für den vorgeschlagenen Shitstorm, beginnt dieser mit all seiner beschriebenen Dynamik.

Die Shitstormbörse wäre die Versöhnung des Diskussionsmodells der deliberalen Demokratie mit dem Jagd- und Hetzmodell der neuen Protestform. Emotionalität und Angriffslust, Beschimpfung und Bosheit wären dann nur die absichtlich unkontrollierten Durchführungsdetails eines kühl und fair besprochenen Plans. Der Rausch des Sturms wäre gedeckt durch die vorangegangene Ruhe der Diskussion. Die Quadratur des Kreises; ein Shitstorm von wahrhaft demokratischer Statur.

Nerd-Attack

Gesellschaftsformationen zeigen gewöhnlich schon im Begriff ihre jeweiligen Herrscher an: In der Feudalgesellschaft die Feudalherren, in der kapitalistischen die, die Kapital besitzen, in der Informationsgesellschaft die Informatiker. Die Mächtigen der Gegenwart sind nicht jene, die viel wissen (der Begriff Wissensgesellschaft wurde zu Recht fallen gelassen), sondern jene, die wissen, wie man Informationen sammelt, auswertet, weiterleitet. Jene also, die die Algorithmen schreiben, die am Back-End des Interface das Internet regieren und somit immer mehr die Funktionsweise unserer Gesellschaft bestimmen.

Im Jargon heißen diese Menschen oft abfällig Nerds: mathematisch brillant, literarisch auf Science Fiction, Comics und Quellcode fokussiert, politisch unbestimmt und ansonsten unvorteilhaft gekleidet, sozial inkompetent und im Extremfall mit einer Brille, die ein Klebeband zusammenhält. So jedenfalls das

Klischee, mit dem schon der Kinofilm *Revenge of the Nerds* 1984 spielte und das – trotz der differenzierteren Beschreibung in Christian Stöckers Buch *Nerd Attack!* (2011) – noch in den TV-Erfolgsserien *The Big Bang Theory* und *Silicon Valley* gnadenlos bedient wird.

Aber wie nicht nur das Silicon Valley als soziales Biotop dieser neuen Helden unserer Zeit zeigt: Das Leben der Nerds ist besser geworden. Der Dokumentarfilm *Triumph of the Nerds* über die Entwicklung der Computerindustrie verzichtete schon 1996 auf die Einschränkung, die seine Buchvorlage 1992 noch enthielt: *Accidental Empires: How the Boys of Silicon Valley Make Their Millions, Battle Foreign Competition, and Still Can't Get a Date.* Zwanzig Jahre später ist der Triumph perfekt: Die Nerds sind nicht nur die Schlüsselmeister der Zukunft und die Milliardäre von morgen, sie (ver)schreiben sich und der Welt inzwischen sogar Fitness-Apps, etablieren ihre Hornbrille als Erkennungsmerkmal der Hipster-Kultur und haben, wie ein Artikel 2012 titelt, »The Sexiest Job of the 21st Century«.[67]

Ingenieure

Der Triumph kam keineswegs über Nacht und begann auch nicht erst mit dem Computer. Er führt zurück ins 19. Jahrhundert, als die Nerds avant la lettre, die Ingenieure, Techniker und sonstigen Tüftler, den Dichtern und Künstlern die zentrale Stellung in der Gesellschaft streitig machten. Den Machtwechsel bezeugen Bauwerke und Erfindungen wie Eiffels Turm, Bells Telefon und Teslas Wechselstrom. Aber selbst im Bereich der Kunst gab es Machtverschiebungen, als die Malerei durch die Fotografie technisch wurde. Und während der Anfang des Jahrhunderts von der Goethe-Schiller-Klassik geprägt war, diskutierte man an seinem Ende die »naturwissenschaftlichen Grundlagen der Poesie«.[68]

Als der Erfolg nicht mehr zu leugnen war, wurde er relativiert. Der deutsche Philosoph Ernst Cassirer vergleicht in seinem Essay *Form und Technik* 1930 den Erfinder mit dem Künstler, da beide etwas aus sich heraus schaffen und ihr Werk, das sie jahrelang im Inneren trugen, schließlich erleichtert und erwartungsvoll der Welt übergeben. Während jedoch das »Werk des Entdeckers oder Erfinders« fortan ganz der Welt gehört und dort, unter den Gesetzen der Sachwelt, für sich allein sprechen muss, bleibt das Werk des Künstlers diesem verbunden und ist nie ohne Blick auf seinen Schöpfer zu verstehen.

Was zunächst wie eine Gleichstellung aussieht, entpuppt sich als Degradierung, indem die Abnabelung umgekehrt proportional zur Kreativität bemessen wird. Der Techniker, so Cassirer, ist kein Schöpfer, sondern Entdecker, der etwas aufdeckt, das schon da war, ohne seinen Ent-Decker aber im Verborgenen geblieben wäre. Deswegen gehört das Gefundene dann ganz der Welt, unabhängig von der Person und Persönlichkeit seines (Er)Finders – im Gegensatz zur Kreation der Künstlerin, die immer auf diese angewiesen bleibt.

Aber sind nicht auch die Künstler Erfüllungsgehilfen der Geschichte, die dem zum Vorschein verhelfen, das an der Zeit ist – die »Antenne der Menschheit«, wie Ezra Pound sagt. Und sind, andererseits, nicht die Erfinder von den Entdeckern zu unterscheiden und die Werke jener von denen dieser? Immerhin lässt sich das Telefon oder die Computermaus patentieren, nicht jedoch das Gravitationsgesetz und das Archimedische Prinzip. Wie dem auch sei; die Theorie, die im Folgenden vertreten wird, unterstellt eine Verschwörung, die aus einer fortwährenden Kränkung rührt.

Revanche

Die Poeten, die Abenteurer, die Lebenskünstler, die romantische Verse aufsagen, verrückte Geschichten erzählen, kluge Sprüche draufhaben. Überall kommen sie an damit, überall kommen sie durch damit. Zum Beispiel im Schwimmbad: Sie haben Spaß, vergessen die Zeit, sind zwanzig Minuten zu spät am Ausgang, wo garantiert eine junge Frau sitzt, die auf blaue Augen und charmante Worte steht. Wie oft können die Trödler ohne Nachzahlung passieren, möglicherweise sogar mit einer Verabredung noch für den selben Abend! Nicht aber die Nerds. Und zwar nicht, weil die junge Frau ihnen gegenüber so grausam wäre, sondern weil sie ihr gegenüber so gehemmt sind. Sie wissen nicht, wie man verhandelt; schon gar nicht, wenn die Schuldfrage so klar ist.

Die Nemesis des Nerds ist weniger der Jock als der Charmeur, der Betörer, der Pfiffikus, der Schelm, der Schlingel, der Rosstäuscher, der Gauner. List und Bestrickung, Verschmitzt-, Gerissen- und Durchtriebenheit; Eigenschaften, in die Nerds nicht investieren. In der Idealwelt des Nerds gibt es keine Vorteile für blaue Augen und wortgewandte Lippen, keine Jeitinhos für Malandros, wie es in Brasilien heißen würde, kein Spielraum zwischen Entweder und Oder, 1 und 0. In dieser Welt gibt es Armbänder, die man am Ausgang vor einen Scanner hält. Wer dann zu spät kommt, den bestraft die Maschine. In dieser Welt spricht nicht der Mann mit der Frau (die längst entlassen wurde), sondern das Kontrollband mit der Schranke – und die will auch für zwei Minuten eine Nachzahlung, ohne Ansehen der Person, blind wie Justitia und stur wie ein Algorithmus.

Die ureigene Kommunikationsform des Nerds ist die Logik der Programmierung: Klare Wenn-Dann-Direktiven fürs ganze Leben inklusive Schwimmbad. Genau dies geschieht durch die zunehmende Computerisierung menschlicher Interaktionsformen. Zielpunkt ist eine Kontrollgesellschaft, in der nicht mehr verhandelt wird und in der sich oft nicht einmal Rückfragen stellen lassen. In dieser Gesellschaft öffnen oder schließen sich Türen, wenn die Daten stimmen oder nicht – dass die Tür mitunter selbst dann geschlossen bleibt, wenn wir sicher sind, alles richtig gemacht zu haben, weist nicht unbedingt auf ein Versagen der Nerds; es könnte auch Teil ihrer Rache sein. Die digitale Gesellschaft ist ein Doppelsieg des Nerds: Zum einen werden, wenn es keine Kommunikation mehr jenseits der Mathematik gibt, die Waffen der Gegenspieler entschärft; zum anderen haben, wenn alles programmiert ist, Programmierer naturgemäß Heimvorteil – und können sich, sollten selbst sie mal zu lange im Wasser bleiben, ihren Weg aus dem Schwimmbad zur Not auch hacken.

Gesetzesbrecher

Das Hacken ist nicht nur die Art des Nerds, mit der Einlassdame zu flirten, sondern auch seine Form, kriminell zu sein: vom Trickbetrug und Banküberfall bis zur Erpressung und Sabotage. Das Zauberwort der Zukunft lautet Ransomware oder Schadprogramme, mit denen man fremde Computersysteme – in Autos, Betrieben, Krankenhäusern, Kernkraftanlagen – unter Kontrolle bringt und ohne Lösegeld mehr oder weniger buchstäblich gegen die Wand fahren lässt. Der Gangster-Nerd kommt ohne Brecheisen und Pistole aus, und sollte es Verfolgungsjagden geben, finden die auf der Datenautobahn statt – abgesehen von einigen kulturindustriellen Verirrungen wie Michael Manns Actionfilm *Blackhat* (2015), wo der Hacker als Superheld à la Bond auftritt, ohne je als Nerd à la Clark Kent zu erscheinen.

Die besseren Nerds unter den Gesetzesbrechern sind die Cyber-Guerilleros und Robin Hoods unsrer Zeit, die individuell oder als »Release-Groups« Daten befreien: kopiergeschützte Filme, Spiele und Programme oder hochexplosive Geheimdokumente. Wie politisch diese Befreiungsaktionen werden können, zeigen die Märtyrer der ›Bewegung‹, Julian Assange und Edward Snowden, die mit ihrer Freiheit bezahlt haben. Zugleich erweist sich hier die politische Sprengkraft des Hackers, die erneut symbolisch wurde, als im Frühjahr 2016 ein Anonymus namens John Doe der Süddeutschen Zeitung die befreiten Panama Papiere überließ: Elf Millionen Dateien über dunkle Geschäfte verschiedenster Firmen, Politiker und Superreicher in Panama. Eine Sternstunde der Nerds als Robin Hoods, die der vierten Gewalt helfen, den Machtlosen und Betrogenen, den Erniedrigten und Beleidigten dieser Welt zumindest etwas Genugtuung gegen die Reichen und Mächtigen zu verschaffen. Der fiktive Prototyp dieser Schreibtisch-Robin Hoods ist Elliot Alderson in Sam Esmails TV-Serie *Mr. Robot*; ein Nerd, der weder Steve Jobs noch Mark Zuckerberg mag, ein Autist mit sozialem Gewissen, der am Tag für eine IT-Sicherheitsfirma programmiert und nachts die Computernetze rücksichtsloser Großunternehmen hackt.

Wie cool ist ein John Doe oder Edward

Snowden gegenüber einem Kobe Bryant oder Justin Bieber! Wie cool, wenn Anonymus ISIS den Kampf ansagt! Wie kleinlich dagegen, vom Machtmissbrauch der Nerds zu sprechen, wenn die Forderung nach radikaler Transparenz ohne Geduld für Gegenargumente diktatorisch durchgesetzt wird.[69] Oder riecht es tatsächlich nach Selbstjustiz, wenn Hacker Sonys Server angreifen, weil Sonys Anwälte die ›Release-Legende‹ George Holtz verklagten, weil dieser Sonys PlayStation 3 gehackt hatte? Entsteht da ein rechtsfreier Raum, in dem wieder das Gesetz des Stärkeren gilt, nur dass Stärke nun – als Programmierkompetenz – nicht aus Muskeln kommt, sondern vom Hirn?

Midasgold

Der Machtmissbrauch wirkt fast unschuldig gegen den Anspruch der Nerds, auf beiden Seiten der Barrikade die Heldenrolle zu spielen. Sie selbst schaffen ja (als Start Ups oder IT-Angestellte) die Grundlagen des Systems, das sie (als Hacker oder Cracker) unterminieren. Sie sind »Architekt, Maurer und Hausmeister der heraufziehenden digitalen Gesellschaft«.[70] Ihr Siegeszug ist so radikal, dass sie selbst beim Militär als ›Haudegen‹ Karriere machen, denn im Cyberkrieg geht es nicht mehr darum, über die Sturmwand zu kommen, sondern durch die Firewall. Und wer als Gymnasiast Social Bots zu programmieren weiß, die inzwischen 20 Prozent der Aussagen auf Twitter ausmachen und eine große Zukunft auch in anderen sozialen Netzwerken haben, kann sogar zum Demagogen aufsteigen, ohne je mit einer einzigen Rede vors Volk zu treten. Sobald die höhere Zahl das bessere Argument schlägt, schlägt der Programmierer den Intellektuellen, denn dann ist jeder Bot eine argumentative Stärkung.[71]

Wo immer in der Gesellschaft die Nerds neues Terrain erobern, zumeist geschieht es mit der Logik des Computers, so dass alles, was sie anfassen, zu einem Phänomen der Zahl wird – mit gefährlichen Langzeitfolgen wie einst bei König Midas das Gold. So verkommt Freundschaft zu einer Frage der Likes, Kommunikation zum Kampf um Popularität, Selbsterkenntnis zu »Self knowledge through numbers«, wie die Losung der Quantified-Self-Bewegung lautet, Partnersuche zum Prozentsatz der Übereinstimmung und erotische Abenteuer zu einer Wischgeste des Daumens. Und wenn die einst lichtscheuen Nerds ihr ›coming out‹ als Sportler haben, dann geschieht dies als »Hacks« und »Reboots« des eigenen »Betriebssystems« wie Programmierer Bruce

Perry 2012 in seinem Buch *Fitness für Geeks. Hacks, Apps und Wissenswertes rund um deine Gesundheit* erklärt. Aber auch das ist längst noch nicht alles.

Seit einigen Jahren ist der »Machtantritt des Nerds in den Geisteswissenschaften« Angst- oder Hoffnungsthema, je nachdem, aus welchem Lager man kommt.[72] Das Schlagwort heißt Digital Humanities; die Angst besteht darin, dass genau das in den Geisteswissenschaften verdrängt wird, was Informatikern Sorge bereiten könnte: Die Ungenauigkeit des hermeneutischen Unterfangens. Wenn das Erzählen (denn was sonst ist Interpretation?) dem Zählen (konkreter Elemente in Texten oder Bildern) weicht, weicht das Denken dem Finden: Die Austreibung des Geistes aus den Geisteswissenschaften vollzieht sich als »quantitative turn«. Diese Wende wird handfest, wenn literaturwissenschaftliche Professuren zunehmend mit Forschungsschwerpunkten an der Schnittstelle von Philologie und Informatik ausgeschrieben werden. Digitale Lexikographie statt immer wieder neuer Interpretationen der immer gleichen Rilke-Gedichte. Besser kann keine Machtübernahme laufen.

Ein anderer Bereich des Kontrollwechsels ist der Journalismus, der schon deswegen unter den Erfolgen der Nerds leidet, weil deren

Produkte ihm Werbeeinnahmen und Publikum wegschnappen. Der mächtigste Editor der Welt hat nie eine Journalistenschule besucht oder ein Seminar in Politikwissenschaft; er hat Computer studiert und eine Webseite gebaut, die heute mehr Menschen erreicht als die wichtigsten Zeitschriften der G8-Staaten zusammen. Mit Facebook hat Mark Zuckerberg ein Netzwerkimperium geschaffen, das den Journalismus nicht nur durch Konzepte wie Instant Article ins Gehege der Facebook-›News‹ zwingt. Zugleich unterstellt Zuckerberg die öffentliche Meinung der Logik der Programmierung, was zum Facebook-Verbot all dessen führt, was gegen den »guten Ton« oder die »politische Korrektheit«, wie Zuckerberg und seine Algorithmen sie verstehen, verstößt, einschließlich der Bilder von stillenden Müttern, die zuviel Brust zeigen.

Die Problematik dieser Machtverschiebung wird auf absurde Weise evident, wenn eine der Ikonen des engagierten Journalismus – Nick Uts Foto der vor Napalmbomben fliehenden vietnamesischen Kinder mit der neunjährigen Kim Phúc nackt im Bildzentrum – wegen Kinderpornografie von Facebook verbannt wird. In solchen Momenten wehrt sich die ›alte‹ Öffentlichkeit noch wortreich und zwingt Zuckerberg, die Löschung des Fotos zurückzunehmen. Wer die diskussionsfreie, autoritäre Weise bedenkt, mit der Facebook seine Zensurmacht ausübt, erwartet aber nichts Gutes für die Zeit, da keine Nachrichten mehr ohne Facebook ihr Publikum erreichen und der mächtigste Editor der Welt sich nicht länger von irgendwelchen Chefredakteuren einer zentralen norwegischen oder was auch immer Zeitung zurechtweisen lassen muss.[73]

Dass Algorithmen nicht zwischen den Zeilen lesen oder Nacktheit von Pornografie unterscheiden können, ist allgemein bekannt. Zuviel Kontextualisierung überfordert die Wenn-Dann-Logik. Weniger bekannt ist die Geburt des Emoticons aus eben dieser Interpretationsinkompetenz nicht der Programme, sondern der Programmierer. Als das Schreiben im Internet noch ganz den Nerds vorbehalten war, kam es immer wieder vor, dass witzige Bemerkungen fälschlicherweise ernst genommen wurden. In der mündlichen Kommunikation hätte ein Augenzwinkern die Sache vielleicht geklärt, in der schriftlichen fehlte es an Sensibilität für Zwischentöne. Deswegen schrieb der MIT-Promovend und spätere Informatikprofessor Scott Elliot Fahlman am 19. September 1982 im Bulletin Board der Carnegie Mellon University:[74] *Ich schlage die folgende Zeichenfolge vor, um Scherze zu kenn-*

zeichnen: :-) Lest es seitwärts. Tatsächlich ist es vermutlich rationeller, Sachen zu markieren, die KEINE Scherze sind. Benutzt dafür :-(

Dies war die Geburtsstunde des Emoticons, einer Folge von ASCII-Zeichen, die, wie man auf Wikipedia nachlesen kann, »in der schriftlichen Kommunikation Stimmungs- oder Gefühlszustände ausdrücken«. Das Emoticon – *emot* verweist auf Gefühl, *icon* auf Bild – ist die visuelle Anzeige von Ironie. Die Ironie der Geschichte liegt darin, dass 2015 – als Emoticons sich längst von alphanumerischen Zeichen (Punkt, Komma, Bindestrich, Klammer) zu Pictogrammen entwickelt hatten – ein Emoji-Erbe jenes Witz-Markierers (das »Smiley«-Icon) in Oxford zum *Wort* des Jahres erklärt wurde. Hinter dieser Ironie bleibt die ernstzunehmende Siegermeldung: Das Verfahren der Nerds, Ironie anzuzeigen statt dem Interpretationsgeschick des Kommunikationsteilnehmers zu überlassen, hat sich weltweit durchgesetzt.

Die Wende von Interpretation und Konzeption zu Zählen und Zeigen verschont auch die Kunst nicht: zum einen, weil Nerds auf der Basis von Publikumsdaten den Kuratoren sagen, was sie ausstellen sollen, zum anderen, weil sie selbst Datenanalysen zu Kunst verspinnen wollen. So hat Google ein eigenes *Data Arts*

Team, das die Visualisierung von Daten (zum Beispiel der Bewegung von Flugzeugen im US-Luftraum) zu Kunst erklärt. Andere »Daten-Künstler« basteln Bilder und Skulpturen aus den Daten ihres Schlafverhaltens.[75] Das Ergebnis sind interessante visuelle Gebilde, deren Faszinationsgrad zweifellos mit ihrer Größe und Detaildichte wächst. So wird Statistik zu Kunst erhoben, indem Kunst zu Schmuck verkommt. Anders gesagt: Kunst wird zu dem, was in Cassirers Essay die Technik auszeichnet (Aufdeckung von Verborgenem, Entdeckung statt Schöpfung), ergänzt um attraktive Formen visueller Aufbereitung. Kein Wunder, dass solche ›Kunst‹ zunehmend in Wissenschaftsmagazinen besprochen wird.

Triumph

Andererseits: Wird Technik nicht gerade dadurch zu Kunst, dass sie Kunst zu Technik macht? Ist dieser Paradigmenwechsel in der Kunst nicht im Grunde viel mehr als bloß Aufdeckung, nämlich Schöpfung und (Um)Gestaltung nicht zuletzt dessen, was Kunst in der Gesellschaft des 21. Jahrhunderts bedeutet? Es ist kein Zufall, dass die ersten Worte von Steve Jobs in der Doku-Fiction *Pirates of Silicon Val-*

ley (1999) nicht vom Finden handeln, sondern vom Bilden: »We are creating a completely new consciousness, like an artist or a poet.« Mit eben diesem Anspruch fragte Jobs John Scully, als er ihn für den Managerposten bei Apple von Pepsi abwarb, ob er für den Rest seines Lebens Zuckerwasser verkaufen oder die Welt ändern wolle. Das war nicht übertrieben. Jobs hat wirklich die Welt verändert, er hat in der Tat ein völlig neues Bewusstsein geschaffen und verdiente dafür, als er starb, wie eine Kultfigur betrauert zu werden.

Jobs war der ›Künstler‹ im Nerd-Pelz, der mit Drogen experimentierte, der Freundschaften und Liebesbeziehungen mit Popstars hatte, der eher Designer war als Ingenieur, der die Welt lehrte, sich wie ein Mac zu fühlen statt wie ein PC. Jobs ist die Negation zu Bill Gates und natürlich zu Programmiergenie und Apple-Mitbegründer Steve Wozniak. Jobs hat die Nerds von ihrem Trauma befreit. Er hat ihnen die Ästhetik der Schriftfonds gepredigt und den Nicht-Nerds die Angst vor der Technik genommen. Seit Jobs war es cool ›in Computer‹ zu sein; dank ihm wurde der Rechner zu einer Technik, der sich selbst Poeten, Abenteurer, Lebenskünstler und Sportler nicht entziehen konnten – erst recht nicht, als er schließlich in eine Hand passte.

Damit verbesserte sich das Leben auch für jene Nerds, die am eigenen Stereotyp festhielten. Denn während sich die Welt früher in jene unterteilte, die am Computer hockten, und jene, die Fußball spielten, besteht sie nun aus jenen, die ihr Leben am Computer verbringen, und jenen, die diesen auch verstehen. Wie absurd wäre es, sich über Letztere lustig zu machen. Und zwar keineswegs nur, weil man sie braucht, um den Computer neu zu starten. Die Nerds sind nicht mehr einfach die Techniker, die uns Winword einrichten. Sie sind diejenigen, die unsere Kultur bestimmen und uns sagen, wo es langgeht. Sie sind da angekommen, wo sie 2011 in der TV-Serie *Modern Family* (Episode »After the Fire«) vermutet wurden, als die intelligente Alex, die Kultstatus unter den Nerds ihrer Schule genießt, der attraktiveren Schwester Haley erklärt: »You have your fans, I have mine. Someday your fans are going to work for my fans.«

Kommunikationsutopien

Ob Sex, Urlaub oder Bewerbungsgespräch, was auch immer man erlebt, man kann es innerlich aufzeichnen und später wieder anschauen, gern auch mit Freunden auf einem externen Bildschirm. So jedenfalls in der Episode *The Entire History of You* von *Black Mirrors* erster Staffel Ende 2011. Zukunftsmusik, für die Mark Zuckerberg 2014 zwei Milliarden Dollar hinlegte, als er die VR-Technologie *Oculus Rift* erwarb. »Wir werden permanent Augmented Reality-Geräte tragen und unsere Erlebnisse und Gedanken direkt mit anderen teilen, einfach *indem* wir sie haben und denken«, so erklärt Zuckerberg im Sommer 2015 Facebooks Pläne mit immersiven 360°-Videos und nennt dies »die ultimative Kommunikationstechnologie«. Zukunft, die schon längst begonnen hat.[76]

Verstummtes Kommunizieren

Das beschreibungslose Bezeugen des Erlebten verkündete Zuckerberg bereits auf Facebooks Entwicklerkonferenz 2011 unter dem Schlagwort »frictionless sharing«. Konkret heißt dies, dass zum Beispiel der Song, den man auf Spotify hört, und der Film, den man auf Netflix sieht, automatisch den Facebook-Freunden angezeigt wird, wenn man die Funktion dafür aktiviert hat. Man muss die Nachricht nicht mehr begründen und auch nicht mehr formulieren. Man beschreibt seine Aktivitäten nicht mehr nachträglich und bedeutungsvoll wie einst im Brief und Tagebuch als frühere Formen der Selbstdarstellung: »Habe heute ein Buch gelesen, das mich aus folgendem Grund sehr beschäftigt …«. Inzwischen teilen sich die Aktivitäten selbst mit. Die neue Losung heißt nicht etwa »I share therefore I am«, sondern »*Es* postet, also bin ich« und hat, weil dem Vorgang das bewusste Zutun fehlt, nicht mehr viel mit Descartes' Selbsterkenntnisformel zu tun.

Das Verstummen beginnt allerdings schon, wenn man noch selbst den Auslöser drückt, wie bei all den Fotos, mit denen wir spontan und reflexartig unsere Erlebnisse ans Netzwerk melden. Seit Snapchat die Fotos nach dem Ansehen löscht, sagt man noch weniger, was man tut oder wie man sich fühlt, und schickt umso mehr Schnappschüsse: Ich im Gym, ich nach dem Training, ich im Restaurant, ich vor dem Fernseher … Eifrige Snapchater wissen am Abend zwar kaum noch, was alles sie auf diese Weise während des Tages kommuniziert haben, aber das ist auch egal. Genau darum geht es.

Man kann die Visualisierung der Kommunikation als technische Antwort des 21. Jahrhunderts auf die Krise der Repräsentation im 20. Jahrhundert verstehen: Die Unzuverlässigkeit der Sprache wird mit nichtverbalen Mitteln kuriert. Ein Bild sagt nicht nur mehr als tausend Worte, man muss vor allem kein einziges mehr finden. Die Dinge teilen sich selbst mit, wenn sie fotografiert oder automatisch registriert werden. Deswegen nannte Siegfried Kracauer die Fotografie 1927 »das Vabanque-Spiel der Geschichte«: zum einen befreit die Selbstanzeige der Dinge von menschlicher Verzerrung, zum anderen macht die mechanische Reproduktion der Realität deren bewusste Erfassung überflüssig. In dieser Rolle der Fotografie als »Streikmittel gegen die Erkenntnis« sah Kracauer das historische Risiko.

Automatische Autobiografie

90 Jahre später erhöht sich der Einsatz durch die Selbstanzeige nicht nur der Dinge, sondern auch des Menschen an dessen Bewusstsein vorbei: Auf Facebook und in anderen sozialen Netzwerken ›beschreiben‹ wir unser Leben, indem wir es leben, und produzieren so eine Autobiografie, die nie durch unser Hirn ging. Zugleich registrieren die Algorithmen aber sehr genau, was geschieht. Zuckerbergs Angestellte tüfteln derzeit, inspiriert durch Microsofts *captionbot*, an AI-Technologien, die alle Gegenstände auf einem Bild erkennen und als Information verarbeiten können. Damit sind nicht nur Zeit und Ort des Fotos klar, sondern auch, was im Restaurant auf dem Teller lag und welcher Film im Fernseher lief. Die zugehörigen Daten zu Nährwert und kulturellem Kapital holt sich der Algorithmus leicht aus dem Internet – und weiß so durch das, was wir übermitteln, schließlich mehr über uns als wir selbst.

In dieser Wissensschere liegt das Problem. Während wir den Algorithmen immer mehr Daten liefern, verarbeiten wir selbst immer weniger davon. Je mehr das Sagen, Benennen, Beschreiben durch das automatische Registrieren und audiovisuelle Kopieren verdrängt wird, umso weniger müssen wir uns reflektierend mit der Welt und unserer Rolle in ihr auseinandersetzen. Sprache ist das Medium, mit dem man Distanz zur Welt einnimmt, um sie klarer zu sehen und zu verstehen. Jeder Versuch, über Sprache hinauszugehen, riskiert zugleich den Verlust an Erkenntnis.

Aus diesem Grund ist der BBC-Slogan »We don't just report a story, we live it« recht problematisch – und mehr noch, dass Zuckerberg sich genau so die Zukunft des Journalismus vorstellt: »mehr immersiver Inhalt wie VR«, mehr »rich content« statt »just text and photos«. »Wir betreten das goldene Zeitalter der Videos«, sagt Zuckerberg im Frühjahr 2016 und ist sicher, dass in fünf Jahren das meiste, was Menschen täglich auf Facebook mitteilen, Videos aus ihrem Alltagsleben sein werden.[77] Aber was passiert, wenn wir, was uns geschieht, nicht mehr in Worte fassen müssen, sondern einfach den anderen auf den Bildschirm spielen können? Was passiert, wenn wir uns nicht einmal mehr die Zeit nehmen, die Bilder, die wir von uns posten, zu manipulieren, weil das bei Live-Videos viel zu aufwendig wäre?

Kracauer bezeichnete die Fotografie damals als Selbstentäußerung des Materiellen. Der französische Philosoph Jean Baudrillard dramatisierte dies 70 Jahre später zum »Kampf zwischen dem Willen des Subjekts, eine Ordnung, eine Sicht, durchzusetzen, und dem Willen des Objekts, sich in seiner Diskontinuität und seiner Augenblicklichkeit durchzusetzen«. Diesen Kampf gewinnen die Objekte, die faktisch »vom Zustand der Welt in unserer Abwesenheit« berichten. Allerdings ist es ein Gewinn für beide Seiten, wie Baudrillards Erklärung der Lust zu fotografieren suggeriert: »Aus einer allgemeinen Perspektive gesehen, einer Perspektive des Sinns, ist die Welt ziemlich enttäuschend. Im Detail gesehen und gewissermaßen überrumpelt, ist sie immer von einer perfekten Evidenz.«[78] Wir lassen die Objekte sprechen, damit die Leere, die unser Verstummen hinterlässt, gefüllt ist; je detaillierter umso besser.

Die Kommunikationsutopie des Mark Zuckerberg zielt auf die Anwendung dieses Modells auf den Menschen selbst: die Selbstanzeige des Subjekts vorbei am eigenen Bewusstsein. Wie Zuckerberg zum konstatierten Video-Trend betont, es handelt sich nicht um inhaltlich und ästhetisch bearbeitete Filme, sondern um das begehrte »Rohmaterial« des sozialen Lebens. Das paradoxe Resultat ist eine automatische Autobiographie, die wir ›schreiben‹, *indem* wir leben; eine posthumane, algorithmische Autobiografie.

Selfi-Gesellschaft ohne Selbstbewusstsein

Facebooks Mission steht schon auf der Begrüßungsseite: »Facebook ermöglicht es dir, mit den Menschen in deinem Leben in Verbindung zu treten und Inhalte mit diesen zu teilen.« Diese Verbindungs- und Mitteilungskultur garantiert, dass man auch die »Freunde« aus vergangenen Lebensetappen noch um sich hat und viele andere, die man kaum kennt – und zwar nicht nur über räumliche und biografische, sondern auch über ideologische Differenzen hinweg.

Das offizielle Ziel dieser Kultur ist ihr Beitrag zum Weltfrieden. Doch so hoch greift Facebooks Geschäftsführerin Sheryl Sandberg, wenn sie betont, dass es schwieriger ist, auf jemanden zu schießen, mit dem man persönlich verbunden ist, oder jemanden zu hassen, von dessen Kindern man Bilder gesehen hat. Zuckerberg variierte diese Ansicht später am Rande einer UN-Sitzung, auf der er für den Zugang zum Internet als universelles Menschenrecht eintrat: »Ein ›Like‹ oder ein Posting wird keinen Panzer und keine Kugel aufhalten, aber wenn Menschen miteinander verbunden sind, können wir eine globale Gemeinschaft mit einem gegenseitigen Verständnis schaffen.«[79]

Die Ironie – und die geheime Voraussetzung – dieser Weltverständigung besteht darin, dass man aufhört, sich selbst zu verstehen. Voraussetzung deswegen, weil das alte Problem der Identitätsbildung die Abgrenzung ist, die mit ihr – bei Individuen ebenso wie bei Nationen – zumeist einhergeht und der Vereinigung mehr oder weniger entgegensteht. Die Herrschaft der Subjekte über die Objekte – und dazu gehören auch Menschen und Handlungen – ist nichts anderes als die Entwicklung einer spezifischen individuellen Perspektive, die als solche der spezifischen Perspektive eines anderen Individuums entgegentritt. Positionsnahme basiert auf Distanz zu den Dingen, nicht auf Verschmelzung mit ihnen. Die Hoffnung der Weltgemeinschaft liegt in der Immersion des Ich in seine Umwelt. Sie liegt in einem Selbst, das, ganz gleich wie viele Selfies es versendet, sich seiner selbst nicht allzu bewusst ist.

Wie Facebook die Welt rettet

Erfolg schafft Feinde. Das war schon immer so und wurde einmal mehr deutlich, als Facebook an die Börse ging. Facebook schlage Kapital aus den Gedanken und Gefühlen seiner Nutzer, hieß es, Facebook schaffe den gläsernen Menschen und dränge ihn zu Selbstvermarktung, -liebe und -betrug. Neid präsentiert sich gern als Sorge um das Wohl anderer und es ist erstaunlich, was da alles vorgebracht wurde. Sogar an neuen Krankheiten wie Nomophobie (No Mobile-Phobie) und FOMO (fear of missing out) sollte Facebook schuld sein. Der absurdeste Vorwurf aber war, dass Facebook ein Ort der Banalitäten sei und nicht mehr als Zeitverschwendung. Versteht denn keiner, dass es gerade darum geht? Sieht denn niemand, dass Facebook nicht nur die Vermessung der Gesellschaft ermöglicht, sondern zugleich ihr Überleben sichert? Erkennt niemand, wie hier ein akutes soziales Problem mit technischen Mitteln gelöst wird? Erinnert sich niemand an

Blaise Pascals berühmten Spruch oder zumindest an John Lennons populären Song?

Horror vacui

Es war 1974, als John Lennon einen Nummer-1-Hit in den US-Charts landete: »Whatever Gets You Thru the Night«. Die wichtigsten Worte des Songs: »it's alright«. Diese Blanko-Absolution wiederholt der Song mit zunehmender Bedeutsamkeit: »Whatever Gets You Thru Your Life«, »Whatever Gets You to the Light«: »It's alright, alright«. Was das ominöse *Whatever* sein könnte, blieb unklar. Nicht aber, woher es kam. Lennon hatte es von einem populären afroamerikanischen Evangelisten beim nächtlichen TV-Channel-Surfen aufgeschnappt. Und er hatte mit seinem Song offenbar den Zeitnerv getroffen, indem er, ohne jede Evangelisten-Rhetorik, ein altes existentielles Problem mit lebensfrohen Rhythmen wegsang: den *horror vacui*, die große Furcht vor der Leere.

Drei Jahrhunderte vor Lennon schrieb der französische Philosoph Blaise Pascal, dass die Menschen deswegen unglücklich seien, weil sie nicht ruhig in einem Zimmer zu bleiben vermögen. Mit sich allein gelassen würde der

Mensch über die Mühen des Lebens und über seine Sterblichkeit nachdenken, »so dass er nun, wenn ihm das fehlt, was man Zerstreuung nennt, unglücklich ist«.[80] Deswegen gehe man raus und jage Hasen; nicht weil man hungrig ist, sondern um die Zeit totzuschlagen. Ein Jahrhundert nach Pascal war das Zimmerproblem gelöst: Mit einem Buch konnte man sich in den eigenen vier Wänden zerstreuen, mit einer Lampe noch lange nach Sonnenuntergang. Mit dem Fernsehen ging das auch ohne extra Licht, seit den Privatsendern sogar durch die ganze Nacht. Und durchs Leben! Denn darauf kam es im 20. Jahrhundert immer mehr an.

Pascal warb nicht für die Hasenjagd, sondern für Gott. In Gott finde das Sein zum Sinn, in der frohen Botschaft weiche die Angst vor der Stille dem Gefühl der Geborgenheit. Pascal fehlte noch deutlich die dreiste Leichtigkeit der Beatles. Was aber, wenn Gott tot ist, wie Nietzsche zwei Jahrhunderte nach Pascal verkündete? Was wenn auch keine philosophischen und politischen Erzählungen mehr den Sinn geben, den sie vor dem Aufstieg der Postmoderne und dem Niedergang des Realsozialismus noch beanspruchen konnten? Dann gibt es drei Möglichkeiten: Man richtet sich in der Aussichtslosigkeit ein, man reanimiert

Gott oder man sucht nach einem Narkotikum, das sicher durch Nacht und Leben bringt.

Narkotika

Mit dem Einrichten hatte der italienische Philosoph Gianni Vattimo schon 1985 seine Zunft beauftragt, als er verkündete: Nach dem Ende der großen Erzählungen über den Sinn des Lebens und das Ziel der Geschichte besteht die Funktion der Philosophie nicht mehr darin, den Menschen zu zeigen, wohin sie unterwegs sind, sondern wie man unter der Bedingung lebt, nirgendwohin unterwegs zu sein.[81] Das war eine deprimierende Jobbeschreibung, zu der im gleichen Jahr die Talking Heads mit trotzigem Fatalismus sangen: »We're on a road to nowhere / Come on inside«.

Die Wiederbelebungsversuche sah schon Nietzsche voraus. Seinem Befund »Wir haben Gott getötet!« folgte sogleich die Frage: »Ist nicht die Größe dieser Tat zu groß für uns?« Und tatsächlich, das 20. Jahrhundert endet mit einer Rückkehr des Religiösen, zum Teil eher in spiritueller als in institutionell-konfessioneller Form, zum Teil aber auch als fundamentalistischer Staatsterrorismus. Vattimo sagt dazu 2001 mit dem anderen berühmten

Nietzsche-Wort: »Auf das Problematische und Chaotische der spätmodernen Welt mit einer Rückkehr zu Gott als dem metaphysischen Fundament zu reagieren, bedeutet, um mit Nietzsche zu reden, sich der Herausforderung des Übermenschentums nicht zu stellen.«

Was die dritte Reaktionsmöglichkeit betrifft, so war das effektivste Narkotikum der zweiten Hälfte des 20. Jahrhunderts zweifellos der Fernseher, der seit 1984 in Deutschland auch Privatsender kannte, die nicht mehr dem Bildungsauftrag, sondern dem Zerstreuungswillen verpflichtet waren. Welche Folgen das hatte, beschrieb Hans-Magnus Enzensberger 1988 in seinem SPIEGEL-Essay *Die vollkommene Leere. Das Nullmedium oder: Warum alle Klagen über das Fernsehen gegenstandslos sind.* Diese Leere ist das Gegenteil von Pascals Zimmer. Sie ist die hypnotische Versenkung in den schrillen Ablauf der Bilder, der keinerlei Botschaft mehr vermitteln will. Enzensbergers Hauptzeuge war ein sechs Monate altes Baby vor der Mattscheibe, das schon aus hirnphysiologischen Gründen nichts verstehen kann und trotzdem gebannt und glücklich auf die Mattscheibe starrt: Symbol einer sinnfreien Intensität des reinen Augenblicks.

Viele werden Enzensbergers Beispiel bestätigen können. Es war trotzdem schlecht gewählt, überschätzt es doch die Attraktivität des Sinnlosen für jene, die schon laufen und denken können. Für Erwachsene würde Zerstreuung ohne das Alibi von Sinn das menschliche Dilemma nicht verdecken, sondern noch hervorheben. Es braucht Geschichten, egal wie dünn, ungereimt und auswechselbar. So funktionierte es zumindest bisher. Inzwischen gibt es stärkere Mittel.

Smalltalk-Glück

Für digital natives liegt die perfekte Zerstreuung in der permanenten Kommunikation. Der Mitmensch ist wichtig als Partner und Alibi. Hier kommt Facebook ins Spiel: als passende Technik zu all den Theorien, die dem Menschen einen empathischen Kommunikationswillen nachsagen, ohne höhere Ziele, ohne die Auflage der Weltverbesserung. Was Linguisten phatische Kommunikation nennen, heißt im Volksmund Smalltalk. Es ist eine Art Placebo-Gespräch, das nichts anderes zum Ziel hat als sich selbst im unmittelbaren Augenblick.

Um es genauer zu sagen: Ziel ist die Vermeidung des Augenblicks, in dem das Ich mit sich allein sein könnte. Daher rührt die permanente Kommunikation als Grundgesetz unser Kultur.

Das mag gelegentlich als Bürde empfunden werden, aber sobald das Leben Momente der Untätigkeit aufdrängt, im Bus, im Fahrstuhl, im Wartesaal, spürt man dunkel wieder die Todesangst und greift rasch zum Smartphone. Die neuen Medien garantieren, dass man auch dann beschäftigt ist, wenn man eigentlich nichts zu tun hat. Sie sind der Müßiggang für Hyperaktive, die sich keine Zeit lassen für den *horror vacui*.

Die Hasenjagd des 21. Jahrhunderts findet im Verbund der sozialen und mobilen Medien statt. Die Alternative zum Priester ist der Programmierer. Die Moderne kann ihr Projekt, das mit der Rückkehr der Religion scheitern würde, nur durch die Flucht ins Technische retten: Indem sie »Rückbindung« in »Religion« als »Link« übersetzt und zum heilbringenden Medium nicht die Kanzel kürt, sondern das soziale Netzwerk. Dort ereignen sich die Begegnungen unserer Zeit im schwindelerregenden Takt der Updates. Dort feiert sich, in Anbetung unentwegter Gegenwart, die ewige Wiederkunft des Gleichen. Der Facebook-User entkommt, solange er das Kommunikationskarussell am Leben hält, nicht der Weltbejahung.

Diese Harmonie ist bedroht, wenn neue Glaubenssysteme neuen Sinn versprechen. Religiöse, nationalistische, ideologische Legitimationsgeschichten sind die Erzfeinde von Facebook. Erst verteufeln sie Facebook als Ort postmoderner Banalität, dann versprechen sie dem Einzelnen Geborgenheit in einer großen Idee. Die Geschichte lehrt, wo das enden kann. Man muss den Anfängen wehren; man muss solchen Geschichten den Zugang zu den Herzen und Hirnen der Menschen versperren; man muss Facebook zum Interface der Zukunft machen, immer und überall.

Genau dieser Absicht diente *Facebook Home* und genau diesem Ziel dient *Internet.org*, dessen *Free Basics* dafür sorgen soll, dass Millionen Menschen in Asien und Afrika das Internet schlicht »Facebook« nennen. Man sagt, der freie Zugang zu Webseiten mit Informationen zu Jobs, Bildung und Gesundheit und eben zu Facebook sei nur Kundenfang. Aber zum einen kann Facebook doch nichts dafür, wenn die meisten, während sie auf Jobangebote warten, sich nicht auf Bildungsseiten tummeln, sondern auf Facebook. Zum anderen übersieht der Vorwurf, diese Initiative sei digitaler Imperialismus, Short-term-Altruismus und Long-term-Kapitalismus, das eigentliche Problem. Denn was passiert, wenn Facebook sich zurückhält? Wenn es das Feld jenen überlässt, die mit neuen Narrativen und offenen Armen unverbesserliche Sinnsucher empfangen? Wer weiter denkt, versteht: Facebook ist nur dann die Rettung, wenn nur Facebook die Rettung ist.

Es ist Zeit, die Rolle zu erkennen, die Facebook bei der Sicherung einer liberalen, individualistischen und zugleich gemeinschaftsbetonten Gesellschaft zukommt, statt es immer wieder für sein Geschäftsmodell zu beschimpfen oder für Narzissmus und Selbstvermarktung verantwortlich zu machen. Tag für Tag arbeitet Facebook dafür, dass die Welt offener wird und mehr Menschen die Gelegenheit haben, ihre Erlebnisse mitzuteilen. Jeder Internetanschluss zählt; jeder Freundschaftsschluss zählt. Das ist Facebooks Mission. Facebook hat das Soziale nicht nur messbar gemacht, wie beklagt wird, sondern auch überlebensfähig. Es beantwortet mit beispielloser psychologischer Effektivität die Frage nach dem Sinn, indem es keine Zeit für diese Frage lässt. Was immer das »Whatever« war in Lennons »Whatever Gets You Thru Your Life«, heute ist's klar: It's Facebook.[82]

PS: ;-)

Anmerkungen

1 Pressemitteilung Nr. 14/13 am 24. Januar 2013 (http://juris.bundesgerichtshof.de/cgi-bin/rechtsprechung/document.py?Gericht=bgh&Art=pm&pm_nummer=0014/13)

2 www.businessinsider.com/why-microsofts-chat bot-tay-should-make-us-look-at-ourselves; www.businessinsider.com/google-now-offers-a-man-condolences-2016-3

3 »Smile, you're on BinCam! Five households agree to let snooping device record everything they throw away«, in Dailymail am 4. März 2011 (www.dailymail.co.uk/news/article-2000566/Smile-Youre-bin-cam-The-snooping-device-record-throw-away.html).

4 Hans Blumenberg: *Theorie der Unbegrifflichkeit*, Frankfurt am Main 2007, S. 9.

5 Ebd, S. 11 und 12. Vgl. S. 12: »Er [der Begriff] muß zwar Deutlichkeit genug besitzen, um Unterscheidungen von dem ganz und gar nicht Einschlägigen treffen zu können, aber seine Ausschließlichkeit darf nicht die Enge besitzen, die der Name für den Bezug auf das Individuum und seine Identität, seine Identifizierbarkeit haben muß.«

6 Hans Blumenberg: *Paradigmen zu einer Metaphorologie*, Frankfurt am Main 1997, S. 2 (vorangestell-

tes Zitat in der Neuausgabe der *Metaphorologie* [zuerst 1960] aus: »Ausblick auf eine Theorie der Unbegrifflichkeit«, in: Hans Blumenberg: *Schiffbruch mit Zuschauer: Paradigma einer Daseinsmetapher*, Frankfurt am Main 1979, S. 76).

7 Für den Mut des Geistes zur Vermutung vgl. Blumenberg, Metaphorologie, S. 13. Blumenberg begründet (drei Jahre nach Paul Feyerabends anarchistischer Wissenschaftstheorie *Wider den Methodenzwang*) den Perspektivenwechsel vom Begrifflichen zum Lebensweltlichen, als dem ständigen »Motivierungsrückhalt aller Theorie«, mit prinzipiellem Erkenntniszweifel: »Wenn wir schon einsehen müssen, daß wir nicht *die* Wahrheit von der Wissenschaft erwarten dürfen, so wollen wir doch wenigstens wissen, weshalb wir wissen wollten, was zu wissen nun mit Enttäuschung verbunden ist. Metaphern sind in diesem Sinne Leitfossilien einer archaischen Schicht des Prozesses der theoretischen Neugierde« (Schiffbruch, S. 76), Andreas Huyssen: *Miniature Metropolis: Literature in an Age of Photography and Film*, Cambridge, MA 2015.

8 Theodor W. Adorno: »Der Essay als Form«, in: ders.: *Noten zur Literatur*, Frankfurt am Main 1981, S. 9–33, hier: 19 f. Zur Kritik der Flucht ins Metaphorische sowie in die dialektische Beschwörung auf Kosten einer »verpflichtenden Aussage« und zu Lasten der eigenen »gut spekulativen Theorie« vgl. Adornos Brief an Walter Benjamin vom 10. November 1938. Dessen Antwort auf den Vorwurf »mangelnder theoretischer Transparenz« im Brief an Adorno vom 9. Dezember 1938.

9 Adorno, Essay (ebd.), S. 17 und 19.

10 Ebd., S. 21, 10 und 27.

11 Ebd., S. 14 f. Vgl. Michel Foucault: *Die Ordnung des Diskurses*, Frankfurt am Main 1991.

12 Adorno, Essay (wie Anm. 8), S. 27, aus: Max Bense, »Über den Essay und seine Prosa«, in: *Merkur* 1 (1947), S. 420.

13 Ebd., S. 27.

14 Ebd., S. 25, aus: Max Bense, »Über den Essay und seine Prosa«, in: *Merkur 1* (1947), S. 418.

15 Mark Weinstein: »Did Facebook Really Elect Trump President?«, in: *The Huffington Post* am 25. November 2016 (www.huffingtonpost.com/mark-weinstein/did-facebook-really-elect_b_13208968.html); »US Election 2016: Trump's ›hidden‹ Facebook army«, *BBC* am 15. November 2016 (www.bbc.com/news/blogs-trending-37945486); Jonas Jansen: »Hass im Internet. Ermittlungen gegen Facebook-Chef Zuckerberg«, *Süddeutsche Zeitung*, 4. November 2016 (www.faz.net/aktuell/wirtschaft/netzwirtschaft/hass-im-internet-ermittlungen-gegen-facebook-chef-zuckerberg-14512780.html); Bernhard Pörksen: »Die Schuldfrage«, in: *DIE ZEIT*, 11. November 2016 (www.zeit.de/kultur/2016-11/medien-us-wahl-donald-trump-schuld), Rich McCormick: »Donald Trump says Facebook and Twitter ›helped him win‹«, in: The Verge am 13. November 2016 (www.theverge.com/2016/11/13/13619148/trump-facebook-twitter-helped-win); Dan Tynan: »How Facebook powers money machines for obscure political ›news‹ sites«, in: *The Guardian* am 24. August 2016 (www.theguardian.com/technology/2016/aug/24/facebook-clickbait-political-news-sites-us-election-trump).

16 Leon Festinger: *Theory of Cognitive Dissonance* (1957), Andrew Shapiro: *The Control Revolution.*

How the Internet is Putting Individuals in Charge and Changing the World We Know (1999).

17 Zuckerbergs Facebook-Post am 13. November 2016 (www.facebook.com/zuck/posts/10103253901916271)

18 Zuckerbergs Facebook-Seite am 9. November 2016 um 20 Uhr: »… I thought about all the work ahead of us to create the world we want for our children. This work is bigger than any presidency and progress does not move in a straight line …«

19 Thomas Hylland Eriksen: *Tyranny of the Moment. Fast and Slow Time in the Information Age*, London, 2001, Douglas Rushkoff: *Present Shock. Wenn alles jetzt passiert*, Freiburg i.B. 2014.

20 So die britische Sängerin Adele auf einem Konzert am 29. Mai 2016 in Verona zu einem weiblichen Fan: »Could you stop filming me with that video camera? Because I'm really here in real life, you can enjoy it in real life rather than through your camera.« (www.theguardian.com/music/2016/may/31/adele-tells-fan-to-stop-filming-gig-and-enjoy-it-in-real-life)

21 Christopher Lasch: *The Culture of Narcissism. American Life in an Age of Diminishing Expectations*, New York, London 1991, S. 12 (»imperial self«, »narcissistic, infantile, empty self«) und 13 (»psychological man«, »mental health«).

22 Stefan Krempl: Bundestag beschließt »Zwangsbeglückung« mit intelligenten Stromzählern, *heise online*, 26. Juni 2016 (www.heise.de/newsticker/meldung/Bundestag-beschliesst-Zwangsbeglueckung-mit-intelligenten-Stromzaehlern-3248056.html)

23 Nam June Paik – Good Morning Mr. Orwell (1984), www.youtube.com/watch?v=SIQLhyDIjtI (5:45–6:20)

Originaltext: »What you are about to see are positive and interactive uses of electronic media which Mr. Orwell, the first media prophet, never predicted. This is a New Year celebration, which could only happen with television.«

24 Ebd., Minute 8:12: »Big Brother is not watching you /But TV is eating up your Brains«.

25 https://de.wikipedia.org/wiki/Big_Brother_Awards

26 www.youtube.com/watch?v=FgOX9mb7V4o

27 Bloomberg Business: »Sergey Brin & Larry Page: Inside the Google Brother's Master Mission« (www.youtube.com/watch?v=gtMkq6IxVKk, Min: 19:55 ff.).

28 Im Interview mit James Bennet (*The Atlantic*) beim »Second Annual Washington Ideas Forum« am 1. Oktober 2010 (www.theatlantic.com/technology/archive/2010/10/googles-ceo-the-laws-are-written-by-lobbyists/63908): We know where you are. We know where you've been. We can more or less know what you're thinking about.

29 Nick Bilton: Steve Jobs Was a Low-Tech Parent, in: *The New York Times* am 10. September 2014.

30 Immanuel Kant: »Idee zu einer allgemeinen Geschichte in weltbürgerlicher Absicht«, in: *Werkausgabe*, hg. v. Wilhelm Weischedel, Bd. 11, Frankfurt am Main 1996, A 388, S. 34.

31 *Herders Sämtliche Werke*, hg. v. Bernhard Suphan, Berlin 1877–1913, Bd. 14, S. 236.

32 Zitiert nach: Reinhart Koselleck und Horst Günther: »Geschichte«, in: Otto Brunner, Werner Conze und Reinhart Koselleck (Hg.), *Geschichtliche Grundbegriffe. Historisches Lexikon zur politisch-sozialen Sprache in Deutschland*, Bd. 2, Stuttgart 1975, S. 593–717, hier: 663.

33 Pierre Nora: »Zwischen Geschichte und Gedächtnis: Die Gedächtnisorte«, in: ders.: *Zwischen Geschichte und Gedächtnis*, Berlin 1990, S. 11–33, hier: 19. Francis Fukuyama: »The End of History?«, in: *The National Interest* (Summer 1989), S. 3–18.

34 Roland Barthes: »Wirklichkeits- oder vielmehr Realitätseffekt (Lacan)«, in: Bernd Stiegler (Hg.): *Texte zur Theorie der Fotografie*, Stuttgart 2010, S. 95–101, hier: 95 und 99. Die beiden Haikus (von Matsuo Bashō und Kobayashi Issa) ebd., S. 98 f.

35 Crispin Startwell: *End of Story. Toward an Annihilation of Language and History*, New York 2000, S. 17.

36 Barthes, a.a.O., S. 96 und 99. Das Folgezitat S. 99.

37 Siegfried Kracauer: »Die Fotografie (1927)«, in: ebd., S. 230–247, hier: 235.

38 Ebd., S. 241. Das Folgezitat 242.

39 Ebd., S. 242.

40 Zitiert nach Roland Barthes: *Die helle Kammer*. Frankfurt am Main 1989, S. 35.

41 Giorgio Agamben: *Kindheit und Geschichte. Zerstörung der Erfahrung und Ursprung der Geschichte*. Frankfurt am Main 2004, S. 25.

42 www.unphotographable.com/archives/2008/06/nun.shtml, www.unphotographable.com/archives/2007/02/pitbull_swingse.shtml, www.unphotographable.com/archives/2007/06/shopping_and_cr.shtml.

43 Hans Magnus Enzensberger: »Baukasten zu einer Theorie der Medien«, in: *Kursbuch*, H. 20 (1970), S. 159–186.

44 *Declaration of the Independence of Cyberspace* von Perry Barlow am 8. 2. 1996 http://homes.eff.org/~barlow/Declaration-Final.html.

45 Jürgen Habermas: »Hat die Demokratie noch eine epistemische Dimension? Empirische Forschung und normative Theorie«, in: ders.: *Ach, Europa*, Frankfurt am Main 2008, S. 18.

46 PBS Dokumentation »Generation Like« von Frank Koughan und Douglas Rushkoff am 18. Februar 2014 (www.pbs.org/wgbh/frontline/film/generation-like)

47 www.facebook.com/zuck/posts/10102213601037571; die zitierte Passage nach einer Frage von Jeff Jarvis, das Folgezitat nach einer Frage von Arianna Huffington.

48 David Kirkpatrick: *The Facebook Effect: The Real Inside Story of Mark Zuckerberg and the World's Fastest Growing Company*, New York 2010, S. 296.

49 Friedrich Pütz: »Die richtige Diät des Hörers« (1927) und J.M. Verweyen: »Radiotitis! Gedanken zum Radiohören« (1930), in: Albert Kümmel, Petra Löffler (Hg.): *Medientheorie. 1888–1933. Texte und Kommentare*, Frankfurt am Main 2002.

50 Pierre Lévy: »Cyberkultur. Universalität ohne Totalität«, in: *Telepolis*, 23. Juli 1996 (www.heise.de/tp/druck/mb/artikel/2/2044/1.html).

51 James Surowiecki beginnt mit dieser Anekdote sein Buch *Die Weisheit der Vielen: Warum Gruppen klüger sind als Einzelne* (München 2005; zuvor als: *The Wisdom of Crowds*, 2004).

52 Zur Ich-Schleife vgl. Elli Pariser: *Filter Bubble. Wie wir im Internet entmündigt werden*. München 2012, S. 22; zur Dummheit der Vielen vgl. Surowiecki, ebd.

53 Von Ellen Gamerman am 11. Dezember 2014 (www.wsj.com/articles/when-the-art-is-watching-you-1418338759).

54 Manfred Schneider: *Transparenztraum. Literatur, Politik, Medien und das Unmögliche*, Berlin 2013; zum gläsernen Menschen der Avantgarde des Internet vgl. Simanowski: *Digitale Medien in der Erlebnisgesellschaft. Kultur – Kunst – Utopie*, Reinbek bei Hamburg 2008, S. 55–61. Zum propagierten »Tod des Künstlers« in den Ästhetiken der interaktiven Kunst vgl. Simanowski: *Textmaschinen – Kinetische Poesie – Interaktive Installation. Zum Verstehen von Kunst in digitalen Medien*, Bielefeld 2012, S. 87–170.

55 Grant H. Kester: *Conversation Pieces: Community and Communication in Modern Art*, Berkeley 2004; vgl. die Kritik dieser Position durch Claire Bishop: *Artificial Hells: Participatory Art and the Politics of Spectatorship*, London, New York 2012; dort S. 25 mit Blick auf Kesters Lob der »compassionate identification with the other« in »participatory art«.

56 www.anglizismusdesjahres.de/anglizismen-des-jahres/adj-2011/

57 www.facebook.com/vodafoneDE/posts/10150952976257724

58 www.youtube.com/watch?v=gwBN69-esPs

59 Tapio Liller: »Tierschützer machen mobil gegen EM-Sponsoren – eine Analyse«, am 25.11.2011 unter: http://t3n.de/news/tierschutzer-mobil-gegen-em-sponsoren-analyse-346053

60 Oliver Links: »Im Auge des Shit-Stürmchens« in: *Brand Eins* 2/2012, S. 94–99, hier: 98 (www.brandeins.de/magazin/markenkommunikation/im-auge-des-shit-stuermchens.html).

61 Liller, Tierschützer (wie Anm. 60).

62 *Handelsblatt* am 22.11.2011: »Adidas hat Ärger im Netz«; *Fokus* am 25.11.2011: »Tierschützer bezichtigen Ukraine der Lüge«.

63 Colin Crouch: *Post-Demokratie*, Frankfurt am Main 2008, S. 141.

64 Blumenberg, Schiffbruch (wie Anm. 6).

65 www.sueddeutsche.de/bildung/universitaeten-stoersaal-1.2806877; Michael Schudson: *The Good Citizen: A History of American Public Life*, New York 1998.

66 www.zeit.de/politik/ausland/2015-07/russland-trolle-enthuellung

67 Thomas H. Davenport, D.J. Patil: Data Scientist: The Sexiest Job of the 21st Century, *Harvard Business Review*, October 2012 (http://hbr.org/2012/10/data-scientist-the-sexiest-job-of-the-21st-century/ar/1).

68 Wilhelm Bölsche: *Die naturwissenschaftlichen Grundlagen der Poesie. Prolegomena einer realistischen Ästhetik*, Leipzig 1887.

69 Jaron Lanier: »The Hazard of Nerd Supremacy. The Case of WikiLeaks«, in: *The Atlantic* am 10. August 2011.

70 Sascha Lobo: »Das Nerd-Dilemma«, in: *Spiegel-Online* am 10. April 2012. (www.spiegel.de/netzwelt/web/sascha-lobos-kolumne-zu-piratenpartei-und-internet-nerds-a-826515.html)

71 Martin Fuchs: »Automatisierte Trolle. Warum Social Bots unsere Demokratie gefährden«, in: *Neue Züricher Zeitung* am 12. September 2016 (www.nzz.ch/digital/automatisierte-trolle-warum-social-bots-unsere-demokratie-gefaehrden-ld.116166). Fuchs berichtet unter anderem über den 18-jährigen Amsterdamer Schüler Lennart V., der gegen Geld Chat-Bots programmiert, die im Internet unerkannt und glaubhaft bestimmte politische Positionen vertreten.

72 Thomas Thiels Bericht von der Hamburger Jahres-

tagung der Digital Humanities: »Meint der jüngste Aufschwung der Digital Humanities den Machtantritt des Nerds in den Geisteswissenschaften?«, in: *Frankfurter Allgemeine Zeitung* am 24. Juli 2012.

73 www.spiegel.de/netzwelt/netzpolitik/facebook-aftenposten-chef-espen-egil-hansen-kritisiert-mark-zuckerberg-per-brief-a-1111551.html. Für weitere Eingriffe der Facebook-Administratoren vgl. Johannes Boie: »Zensur in sozialen Medien. Wie Facebook Menschen zum Schweigen bringt«, *Süddeutsche Zeitung* am 22. August 2016 (www.sueddeutsche.de/digital/zensur-in-sozialen-medien-wie-facebook-menschen-zum-schweigen-bringt-1.3130204) Facebook hat nach dem öffentlichen Protest gegen die Löschung des Vietnamkriegsfotos (durch einen Mitarbeiter) dieses auf seiner Plattform wieder zugelassen.

74 https://de.wikipedia.org/wiki/Emoticon. Der Originaltext im Englischen: »I propose that the following character sequence for joke markers: :-) Read it sideways. Actually, it is probably more economical to mark things that are NOT jokes, given current trends. For this, use :-(«

75 Aaron Koblin: »Data Visions – Think with Google« (www.thinkwithgoogle.com/articles/data-visions.html); Laurie Frick: »Data Artist« (www.youtube.com/watch?v=DXtSXYIHjcg)

76 William Davis: »Mark Zuckerberg and the End of Language«, in: *The Atlantic* am 11. September 2015 (www.theatlantic.com/technology/archive/2015/09/silicon-valley-telepathy-wearables/404641).

77 www.buzzfeed.com/mathonan/why-facebook-and-mark-zuckerberg-went-all-in-on-live-video?utm_term=.uykK2J3ko#.bwJovAM97

78 Jean Baudrillard, *Fotografien 1985–1998*, Ausstellungskatalog, hg. v. Peter Weibel, Ostfildern-Ruit 1999, S. 24 und 22.

79 Sandberg in der *Times* am 20. Mai 2010 (http://content.time.com/time/magazine/article/0,9171,1990798-3,00.html); Zuckerberg am 26. September 2015 (http://indianexpress.com/article/technology/tech-news-technology/mark-zuckerberg-calls-for-universal-internet-access-at-un-summit)

80 Nummer 136 in der Zählung der Lafuma-Ausgabe (Œuvres complètes, hg. v. Louis Lafuma, Edition du Seuil, Paris 1963) bzw. Nummer 139 in der Zählung der Brunschvicg-Ausgabe (bzw. Opuscules et Pensées, hg. v. Léon Brunschvicg, Paris 1897).

81 Gianni Vattimo: *Jenseits vom Subjekt. Nietzsche, Heidegger und die Hermeneutik* (aus dem Italienischen von Sonja Puntscher Riekmann), Wien, Graz 1986, S. 17 [Milano 1985].

82 Inwiefern Facebook tatsächlich als Praxis einer Theorie kosmopolitischer Gemeinschaft auf der Grundlage nicht etwa geteilter Werte, sondern des Bedürfnisses nach Mitteilung gesehen werden kann, untersuche ich, im Anschluss an Jean-Luc Nancys Gemeinschaftskonzept, in meiner Studie *Facebook-Gesellschaft* (Berlin 2016), S. 146–163.

Folgende Essays dieser Sammlung erschienen zuvor auszugsweise oder in früheren Fassungen in der *Neuen Zürcher Zeitung*: »Der gläserne Mensch« (20. September 2013), »Die digitale Madeleine« (27. Oktober 2016), »Die Schuldfrage: Trump und Zuckerberg« (26. November 2016). Ein Ausschnitt aus »Dialektik der Partizipation« erschien zuvor im *Tagesspiegel* (15. April 2016), »Wie Facebook die Welt rettet« erschien in einer früheren Fassung im *Freitag* (2. Juli 2012).

Dieses Buch ist im wesentlich inspiriert durch Andreas Huyssens Überlegungen zur Stilform der Miniaturen, *Miniature Metropolis: Literature in an Age of Photography and Film* (2015), sowie seine Schriften zur postmodernen Philosophie und zur Kulturtechnik des Erinnerns.

Erste Auflage Berlin 2017

Göhrener Str. 7 | 10437 Berlin
info@matthes-seitz-berlin.de

Satz: psb, Berlin
Druck und Bindung: Art Druk, Szczecin
Umschlaggestaltung nach einer Idee
von Pierre Faucheux
ISBN 978-3-95757-381-0

www.matthes-seitz-berlin.de

FRÖHLICHE WISSENSCHAFT BEI MATTHES & SEITZ BERLIN

Frank Ankersmit | **Die historische Erfahrung**
110 Seiten, ISBN: 978-3-88221-291-4

Marc Augé | **Die Formen des Vergessens**
105 Seiten, ISBN 978-3-88221-044-6

Georges Bataille | **Die Aufgaben des Geistes**
Gespräche und Interviews 1948 – 1961
165 Seiten, ISBN 978-3-88221-597-7

Maurice Blanchot | **Die uneingestehbare Gemeinschaft**
183 Seiten, ISBN 978-3-88221-892-3

Jean Baudrillard | **Im Schatten der schweigenden Mehrheiten**
160 Seiten, ISBN 978-3-88221-693-6

Jean Baudrillard | **Warum ist nicht alles schon verschwunden?**
64 Seiten, ISBN 978-3-88221-720-9

Jean Baudrillard | **Das radikale Denken**
64 Seiten, ISBN 978-3-88221-042-2

Dirk von Gehlen | **Meta! Das Ende des Durchschnitts**
180 Seiten, ISBN 978-3-95757-246-2

Johan Huizinga | **Das Spielelement der Kultur**
167 Seiten, ISBN 978-3-88221-569-4

Paul Lafargue | **Die Religion des Kapitals**
144 Seiten, ISBN 978-3-88221-748-3

Michel Maffesoli | **Die Zeit kehrt wieder**
190 Seiten, ISBN 978-3-88221-977-7

FRÖHLICHE WISSENSCHAFT BEI MATTHES & SEITZ BERLIN

Pravu Mazumdar | **Das Niemandsland der Kulturen**
128 Seiten, ISBN 978-3-88221-547-2

Alexander Pschera | **Vom Schweben**
96 Seiten, ISBN 978-3-88221-170-2

Alexander Pschera | **800 Millionen**
111 Seiten, ISBN 978-3-88221-578-6

Horst Dieter Rauh | **Wittgensteins Mystik der Grenze**
95 Seiten, ISBN 978-3-88221-397-3

Jules Renard | **Das Leben wird überschätzt**
70 Seiten, ISBN 978-3-88221-402-4

Arthur Rimbaud | **Die Zukunft der Dichtung. Die Seher-Briefe**
128 Seiten, ISBN 978-3-88221-545-8

Judith N. Shklar | **Der Liberalismus der Furcht**
174 Seiten, ISBN 978-3-88221-979-1

Roberto Simanowski | **Data Love**
189 Seiten, ISBN 978-3957570239

Marcus Steinweg | **Inkonsistenzen**
80 Seiten, ISBN 978-3-95757-034-5

Peter Trawny | **Adyton. Heideggers esoterische Philosophie**
120 Seiten, ISBN 978-3-88221-662-2

Peter Trawny | **Medium und Revolution**
85 Seiten, ISBN 978-3-88221-574-8